Anonymous

Peinliche Halsgerichts-Ordnung Kaiser Carls des V.

Anonymous

Peinliche Halsgerichts-Ordnung Kaiser Carls des V.

ISBN/EAN: 9783743656253

Hergestellt in Europa, USA, Kanada, Australien, Japan

Cover: Foto ©ninafisch / pixelio.de

Weitere Bücher finden Sie auf **www.hansebooks.com**

Deß
Allerdurchleuchtigsten/ Großmächtigsten und
Unüberwindlichsten
Kayser Carls deß Fünfften/
und
deß Weyl. Römischen Reichs

Peinliche Ge=
richts-Ordnung/

auf den Reichs-Tägen zu Augspurg/ in Jahren
fünffzehenhundert dreyßig und zwey und dreyßig/
gehalten/auffgericht und beschlossen.

Ulm/
In Verlag Georg-Wilhelm Kühnen/ 1696.

Vorrede deß Peinlichen Halß-Gerichts.

Ir Karl der Fünfft von Gottes Gnaden Römischer Käyser zu allen Zeiten Mehrer deß Reichs/ König in Germanien/ zu Castilien/ zu Arrogon/ zu Legion/ beyder Sicilien/ zu Hierusalem/ zu Hungern/ zu Dalmatien/ zu Croatien/ Nauarra/ zu Granaten/ zu Tolleten/ zu Valentz zu Gallicien/ Maioricarum/ Hispalis/ Sardinie/ Cordube/ Corsice/ Murcie/ Giennis/ Algarbien/ Algezire/ zu Gibraltaris/ und der Insulen Canarie/ auch der Insulen Indiarum und terre firme/ deß Meers Oceani ꝛc. Ertzhertzog zu Oesterreich/ Hertzog zu Burgundi/ zu Lotterick/ zu Brabandt/ zu Steyer/ Kernten/ zu Crain/ Limpurg/ Geldern/ Würtemberg/ Calabrien/ Athenarum/ Neopatrie/ Grave zu Habspurg/ zu Flandern/ zu Tyrol/ zu Gortz/ Parsiloni/ zu Arthois/ zu Burgundi/ Pfaltzgraff in Henegaw/ zu Holand/ zu Seeland/ zu Pfirdt/ zu Kiburgk/ zu Namur/ zu Rossilion/ zu Ceritan/ und zu Zütphen/ Landtgraff in Elsas/ Marggraff zu Burgaw/ zu Oristani/ zu Gotiani/ und deß heiligen Römischen Reichs Fürst zu Schwaben/ zu Cathalonia/ Asturia ꝛc. Herr in Frießlandt/ auff der Windischen marck/ zu Portenaw/ zu Biscaia/ zu Molin/ zu Salins/ zu Tripoli und zu Mecheln. Bekennen offentlich/ Nach dem durch unsere und deß heiligen Reichs Churfürsten/

Fürsten und andere Stende/ stattlich an uns gelanget/ wie im
Römischen Reich teutscher Nation/ altem Gebrauch und herkommen nach/ die meinsten Peinlich-Gericht mit Personen/ die
unsere Käyserliche Recht nit gelehrt/ erfahrn oder Ubung haben/
besetzt werden/ und daß auß demselben an viel Orten offtermals
wider Recht uñ güte Vernunfft gehandelt/ und entweder die Unschuldigen gepeinigt und getödt/ oder aber die Schuldiger/ durch
unordenliche gefährliche und verlengerliche Handlung dē Peinlichen Klegern/ und gemeinem Nutz zu grossem Nachtheyl/ gefri-
stet/ weggeschoben und erledigt werden/ und daß nach gelegenheit Teutscher Land in disen allen/ altem langwirigem Gebrauch
und herkomēn nach/ die Peinlichen Gericht an manchen Or-
ten/ mit rechtverstendigen erfahrn und geübten Personen nit
besetzt werden mögen.

Demnach haben wir sampt Churfürsten/ Fürsten und
Stende auß gnedigem geneigtem willen etlichen gelehrten
trefflichen erfahren Personen bevolhen ein Begrieff/ wie und
welcher gestalt in Peinlichen sachen/ und Rechtfertigungen/ dem
Rechten und Billichkeit am gemessten gehandelt werden mag/
zumachen/ in ein form zusammen zu ziehen. Welchs wir also in
Druck zubringen verschafft haben/ daß alle und jede unser und
deß Reichs Unterthanen sich hinfürter in Peinlichen Sachen/ in
bedenckung der groß und fährligkeit derselbē/ jetzt angezeygten
begrieff/ dem gemeiner rechten/ billichkeit und löblichē herbrach-
ten Gebräuchē gemäß halten mögen/ wie ein jetlicher ohn zweifel für sich selbst zuthun geneigt/ und deßhalben von dem Al-
mächtigen belohnung zu empfahen verhofft. Doch wollen
wir durch diese gnädige Erinnerung Churfürsten/ Fürsten und
Stenden/ an ihren alten wolherbrachten rechtmässigen und
billichen aebräuchen/ nichts benommen haben   Deß

Deß

Allerdurchleuchtigsten / Großmächtigsten und Unüberwindlichsten

Kayser Carls deß Fünfften/
und

deß Heyligen Römischen Reichs

Peinliche Gerichts-Ordnung.

1. Von Richtern/ Urtheilern und Gerichts-Personen.

Erstlich: setzen: ordnen und wöllen wir / daß alle Peinliche Gericht mit Richtern/ Urtheylern und Gerichtsschreibern/ versehen und besetzt werden sollen/ von frommen/ erbarn/ verständigen und erfahrnen Personen/ so zum nützlichst und best dieselbige nach gelegenheit jedes Orts gehabt und zubekommen seyn. Darzu auch Edel und gelehrte gebraucht werden mögen. In dem allem ein jede Oberigkeit möglichen fleiß anwenden soll/ damit Peinlich Gericht zum besten verordnet/ und niemand unrecht geschehe/ alsdann zu dieser grossen sachen/ welche deß menschen Ehr/ Leib/ Leben und gut belangen sein/ dapffer und wol bedachter fleiß gehörig / darumb dann in solcher überfahrung niemands mit rechtmessigem vortreg-

licher grundt seine verlassung und hinlessigkeit entschuldigen mag/ sonder billich derhalb vermöge diser unser Ordnung gestrafft/ daß also alle Obrigkeit/ so Peinlich Gericht haben/ hiemit ernstlich gewarnet seyn sollen.

Und dieweil sich dann ein solcher / an etlichen Orten/ etlich vom Adel/ und andere/ den solche gericht eigner Person Ampts halber und sunst zu besitzen gebürt / sich bey solchen Gerichten zusitzen geweigert/ und ihres standshalber geschücht/ dadurch dann das übel/ mehrmals ungestraffe bliben ist / so mögen dieselbige/ dieweil ihnen doch solch Gerichtsbesitzung an ihrer Achtbarkeit oder standt gantz kein Nachtheil gebären soll/ noch kan/ sonder mehr zu fürderung der Gerechtigkeit/ Straff der boß-

hafften/

hafften/ und denselben vom Adel und Ämp-
ter zu ehren reichen und dienen / ist solch
Peinlich-Gericht so offt / und viel sie nach
gestalt der sachen / für gut und Notturfftig
ansehen würdet/ als Richter und Urtheyler
selbst besitzen / und darinn handlen unt fürnehmen / weß sich nach dieser unser Ordnung eignet und gebür. Wo aber etliche
vom Adel / und andere solche gericht von
altem her kommen/ bißanher eigner Person
besessen/ wöllen wir daß dieselbige hinfürter auch ohn ferner weigerung besitzen / und
solch herkommen und gebräuch in ihren
krafften und wesen bleiben sollen.

2. Von denen so die Gericht ihrer Güter halben besitzen.

Item welche Personen von ihrer güter wegen die Peinlich Gericht zubesitzen schuldig sein/ und dasselb auß
schwacheit und gebrächlicheit ihres Leibs/
vernunfft/ jugent/alter/ oder anderer unge-
schicklicheit halber nie besitzen noch verwe-
sen mögen / so offt das not beschicht / Soll
der / oder dieselbigen andere tügliche Perso-
nen/ zubesitzen deß Peinlichen Gerichts an
ihrer statt ordnen und bestellen/ mit wissen
und zulassen/deßselben Oberrichters.

3. Deß Richters Eyde über das Blut zurichten.

Es N. schwöre/ daß ich soll und will
in Peinlichen sachen/ recht ergehen las-
sen/ richten und Urtheylen/ dem Armen als dem Reichen / und das nit lassen/
weder durch Lieb/Leid/ mir Gab/noch keiner
andern Sachen wegen. Und sonderlich/ so
will ich Käyser Karls deß Fünfften / und
deß Heiligen Reichs Peinlich Gerichts-
Ordnung getreulichen geleben und nach

meinem besten vermögen halten und hande-
habe/a lles getreulich und ungefärlich/ Also/
helff mir Gott und die heiligen Evangelia.

4. Schöpffen oder Urtheil-sprecher Eyde.

Item soll ein jeder/ Schöpff oder Urtheilsprecher deß Peinlichen Ge-
richts/ dem Richter desselben/ geloben
und schweren/ wie hernachfolge / welche
pflicht ihm dem Schöpffen vorgelesen/und
er also nachsprechen soll.

Ich N. schwere/ daß ich soll und will
in Peinlichen sachen / rechte Urtheyl
geben / und richten dem Armen als
dem Reichen / und das nit lassen/ weder
durch Lieb/ Leyde. mit Gab noch keiner andern Sachen wegt. Und sonderlich so will ich
Käyser Karls deß Fünfften und deß Heiligen Reichs Peinlicher Gerichts. Ordnung
getreulich geleben / und nach meiner besten
Verständnuß halten/und handhaben/alles
getreulich und ungefärlich/ Also helff mir
Gott und die Heiligen Evangelia.

5. Schreibers Eyde.

Ich N. schwöre/ daß ich soll und will
in den sachen/ das Peinlich Gericht
betreffend/ fleissig Auffmercken haben/
klag und antwort/ Anzeygung/ argwon/ ver-
dacht/ oder Beweisung: auch di Argicht deß
gefangene/und was gehandelt wirdt/getreu-
lich aufschreiben/ verwaren/ und so es noth
thut/verlesen. Auch darinn keinerley gefär-
de suchen und gebrauchen. Und sonderlich
so will ich Käyser Karls deß Fünfften und
deß Heiligen Reichs Peinliche Gerichts-
Ordnung und alle sachen darzu dienende/
getreu-

gerreulich fürdern/ und soll mich berühren/
halten/ Also helff mir Gott und die Heilli-
gen Evangelia.

6. Annehmen der angegeben Ubelthätter/ von der Obrigkeit und Ampts wegen.

Item so jemandt einer Ubelthat durch
gemeynen leumut/ berüchtiget oder
andere glaubwürdige Anzeygung verdacht
und argwonig/und derhalb durch die Oberkeyt von Ampts halben angenommen würd-
de/der soll doch mit Peinlicher Frage nit an-
gegriffen werden/ es sey dann zuvor redlich/
und derhalb gnügsame Anzeygung und ver-
mütung von wegen derselben Missethat
auff jhne glaubwürdig gemacht. Darzu
soll auch ein jeder Richter/in disen grossen
sachen vor der Peinlichen frag/ so vil müglich und nach Gestalt und Gelegenheyt einer
jeden sachen/ beschehen kan/ sich erkundigen
und fleissig nachfragens haben/ob die Missethat darumb der Angenommen berüchtiget und verdacht/auch beschehen sey odernit/
wie hernach/ in diser unser Ordnung ferner
erfunden würde

7. Item/ so die gemelte Urtheyler in
bestimpter Erkantnuß zweyvelich
würden/ ob deß fürbrachten Argwons und
verdachts zu Peinlicher frage gnügsam wer
oder nit? So sollen/die deßhalben Raths
bei der Oberkeyt/so der Ende one Mittel die
Peinlichen Oberkeyt der Straff hat/oder
sunst an Enden und Orten wie zu ende diser
unser Ordnung angezeigt/suchen/und doch
die selben Oberkeit in solchem Ratsüchen/
aller Umbstende und gelegenheyt ihres erfa-
rens deß verdachts eygentlichen in Schrifften berichten.

8. Item/so die missethat eynen Todtschlag
halben tändtlich/ oder aber deßhalb
retlich Anzeygung/ wie davon vor berürt
ist/ erfunden wirde/ So soll es der Peinlichen Frag und aller Erkundigung halben/so
zu erfindung der Warheit dienstlich ist/auch
mit rechtfertigung auff deß Thäters beken-
nen/ gehalten werden/ wie klärlich hernach
von den jhenen die auff Anklager einbracht
werden geschriben und geordnet ist.

9. Item/wo's aber ein solcher gefang-
ner der verdachten Missethat ohne
oder durch Peinlich Frag nit bekentlich sein/
und er doch deßselben überwisen werden
möcht/ so soll es mit derselbigen weisung
und rechtfertigung darauff/ der Todtstraff
halben gehalten werden/ wie auch klärlich
hernach gesätzt ist von den jenen/ die durch
Anklager einbracht werden.

10. Item/ so aber ein Person / einer
gnügsamen untweisenlichen über-
wunden/ und erfunden missethat halben/
nach laut diser unser und deß Heiligen
Reichs-Ordnung / von der Oberkeit und
Ampts wegen entlich an jrem leib oder Glidern gestrafft werden solte/ also daß diesel-
big Straff nie zum Todt oder ewiger Gefängnuß fürgenommen würd/ mit Erkantnuß solcher Straff/soll es sonderlich auch gehalten werden/als im hundert und sechs und
neunzigsten Artickel anfahend. Item so
ein Person rc. angezeygt/ erfunden wird.

11. Von annehmen eynes an- gegebenen Ubelthäters so der Kläger recht begehrt.

Item

Item/ so der Kläger die Oberkeit oder
Richter anruffe jemande zu strengem
Peinlichen Rechten/ zu Gefängnuß zule-
gen/ so soll der selbig Anklager die Ubelthat/
und derselben redlichen Argwon und Ver-
dacht/ die Peinliche straff auff ihm tragen/
zuvorderst ansagen/unangesehen/ob der Ankläger den Angeklagten auff sein recht Gefänglich einzulegen/ oder sich bey dem Beklagten zusetzen/ begeren und erbieten würt-
de. Und so der Ankläger das thut/ soll der
angeklagte in Gefencknuß gelegt/ und deß
Klägers angeben eigentlich auffgeschriben
werden/ und ist darbey sonderlich zumercken/
daß die Gefängnuß zu Behaltung/und nit
zu schwerer gefährlicher Peinigung der Gefangen solle gemacht und zugericht sein.
Und wann auch der Gefangen mehr dann
einer ist/ soll man sie/ so vil Gefänglicher
behaltnuß halb sein mag/von einander then-
len/darmit sie sich ohnewarhafftiger sage mit
einander nit vereinigen/ oder wie sie ihre
That beschönen wollen/ underreden mögen.

12. Von verhäfftung deß
Anklägers/ biß er bürgschafft
gethan hat.

Item/ so bald der angeklagt zu Gefängnuß angenommen ist/soll der Anklager
oder sein Gewalthaber/mit seinem Leib ver-
wart werden/biß er mit Bürgen/Caution/
Bestandt und sicherung/die der Richter mit
sampt vier Schöpffen nach Gelegenheit der
Sachen und Achtung beyder Personen/ für
gnügsam erkenne/ gethan hat/ wie hernach
folge. Und nemlich also/ daß er der anklä-
ger/wo er die Peinliche Rechtfertigung nit
außführen/oder dem rechten nach verfolgen
wird/ und die geklagte Mißthat/ oder aber

redlich und gnügsam Anzeigung und ver-
mütung der selben in ziemlicher Zeit/die ir
der Richter setzen würde/ nit dermassen be-
weiß/daß der Richter und Gericht/oder der
mertertheil auff ihnen für gnügsam erken-
nen/ oder sonst im Rechten fellig würde/
alßdann den Kosten/so darauff gangen ist/
auch dem beklagten/ umb sein zugefügte
Schmache und Schade abtrag thun wolle/
alles nach Burgerlicher Rechtlicher Erkennt-
nuß. Und damit derselbige gefangene beklagte seiner erlitte kosten/ schmehe und sche-
den desto außträglicher und förderlicher er-
getzung und abtrag erlangen möge/so soll zu
seinem gefallen und willen stehn/ den Peinlichen ankläger vor deß selben anklägers ordenlichen Richter/ oder dem Peinlichen
Gericht/ dorfür sich die gerichtliche Ubung
und rechtfertigung erhalten hat/ umb solchen kosten/ schmähe und schäden/ rechtlich
fürzunehmen/darinn auch Summarie und
ohn zierlichkeit deß rechtlichen Proceß/ pro-
cedirt/gehandelt/und die Urtheil/ ohne wei-
there Appellation und suchung volziehen
werden/ dardurch doch demselben Peinlichen Gericht ausserhalb diser fälle/und weit-
her dann es vor gehabt/ kein Burgerlicher
Gerichtzwang/ und erkandtnuß zu wachsen
soll.

13. Von bürgschafft deß an-
klägers so der beklagte der That
bekentlich ist. und redlich entschuldigung solcher that
halb fürgibe.

Item/so der Thäter der that ohn laugnen wer / aber deßhalben redlich ent-
schuldigung/ die ihne/ wo er die beweiß/von
Peinlicher straff entledigen möchte / an-
zeige/uñ ihm aber der Anklager solcher seiner
fürge-

fürgewendten Ursachen und Entschuldigung nicht geständ/ so soll der Anklåger in
solchem Fall/ dannoch auch nach Gelegenheit der Person und Sachen/und Erkandtnus deß Richters/samt vier Gerichts-Per-
sonen/ der Schöffen/ nach Nothdurfft ver-
bürgen/ wo der Beklagte solche Entschuldigung also außführen wird/ daß er der
beklagten That halben nichts Peinl. Straff
verwürckt hätte/ ihm alsdann um solch gefänglich Einbringen/Schmach und Schå-
den/ vor Gericht/wie obgemeldt/ endlichen
Bürgerlichen Rechtens zu pflegen/ und
darzu alle Gerichts-Schäden außzurich-
ten/ nach Erkandtnus desselbigen Gerichts
schuldig seyn/ und solle nach solcher gesche-
hener Bürgschafft mit Außführung der
entschuldigten That/ wie hernach im hundert und ein und funfftzigsten Artickul anfahend : Item/ so jemand einer That bekandtlich ist/ ꝛc. geschrieben stehet/ gehalten
und gehandelt werden/ vor solcher Außführung und sonder Erkandtnus/ Peinliche
Frag nicht gebraucht werden.

14. So der Klåger nicht Bür-
gen haben mag/ wie die Gegen-
hafftung beschehen
solle?

Item/ als lang und dieweil der Anklåger gemeldter Bürgschafft nicht gehaben mag/und doch dem strengen Peinlichen
Rechten nachfolgen wolt/ so soll er mit dem
Beklagten biß nach Endigung vorangezeig-
ter rechtlicher Außführung/im Gefängnus
oder Verwahrung/ nach Gelegenheit der
Person und Sachen/gehalten werden/und
dem Anklåger/ auch dem/ der seine Entschuldigung außführen wolt/solle vergonnet
werden/ daß die Leut/ so sie zur Bürgschafft

oder Beweisung/ wie obstehet/ gebrauchen
wollen/ zu- und von ihm wenden mögen.
So auch die Anklag von wegen Fürsten/
geistlicher Personen/ oder gemeiner/ oder
sonst hoher Personen/ gegen den/ die gerin-
gers Stands seyn/ in solchem Fall mögen
sich andere Personen ungefåhrlich nicht ge-
ringerer Achtung/ dann der Beklagte/ an
ihrer statt neben den Beklagten gefänglich
legen/ oder verwahren lassen. Und ob auch
dieselbe eingelegte Person sonst Bürgschafft
geben wolt/ wie obgemeldt/ daß alsdan dieselbige Person/ ihrer Gefängnus erlediget
werden soll.

15. Von einer andern Bürg-
schafft/ so der Klåger den Argwohn der Missethat bewiesen hat/
oder die Missethat sonst bekandtlich ist.

Item/ wo der Klåger den Argwohn
und Verdacht bewiesen hat/ oder die
geklagte Missethat sonst unlaugbar ist/ und
der Thåter genugsame Entschuldigung deß-
halben/ als vor berührt/ ist/ nicht außführen kan/ so soll der Anklåger alsdann ver-
bürgen/ dem strengen Peinlichen Rechten/
darum der Beklagte angenommen ist/nach
dieser Unser- und deß Reichs Ordnung/
nachzukommen/ und zu welcher Bürgschafft in solchem Fall nicht verbunden wer-
den/ und was also durch Annehmung deß
Beklagten/ mit Klag/ Antwort/ Bürg-
schafft/ Fragen/ Erfahrung/ Weisung und
anders gehandelt/ auch darauff gen urtheilt
würde/ das soll alles der Gerichtschreiber
ordentlich und underschiedlich beschreiben/
wie deßhalb hernach im hundert und ein
und achtzigsten Artickul anfahend : Item/
ein jeder Gerichtschreiber soll ꝛc. und in et-

B

lichen

lichen Bildern darnach eine gemeine Anzeigung und Form/ solcher Beschreibung halber/ erfunden würde.

16. Von unzweiffenlichen Missethaten.

Item/ sollen sonderlich Richter und Urtheiler ernandt seyn/ wo eine Missethat ausserhalb redlicher Ursach/ die von Peinlicher Straff rechtlich entschuldiget/ offentlich und unzweifentlich ist, oder gemacht würde als so einer ohne rechtmässig und gedrungener Ursach/ ein offentlicher/ muthwilliger Feind oder Friedbrecher wäre, oder so man einen an wahrer Ubelthat betritt; auch so einer den gethanen Raub oder Diebstal/ wissentlich bey ihme hätt/ und das mit keinem Grund widersprechen oder rechtlich verursachen oder verlegen mögt/ als hernach bey jeder gesetzter Peinlichen Straff (wann die Entschuldigung statt/) gefunden wird. In solchen und dergleichen offentlichen unzweifentlichen Ubelthaten/ und so der Thäter die offen- unzweifentliche Ubelthat frevenlich widersprechen wolt/ so soll ihn der Richter mit Peinlicher ernstlicher Frage zu Bekandtnus der Warheit halten/ damit in solchen offentlichen unzweifentlichen Missethaten/ die endliche Urtheil und Straff mit dem wenigsten Kosten/ als es seyn kan/ gefurdert und vollzogen werde.

17. Wie der Ankläger/ nach Verhafftung deß Beklagten/nicht abscheiden soll, er habe dann zuforderst eine namliche Statt/ wohin man ihm Gerichtlich verkünden soll/ benandt?

Item der Kläger solle auch/ nach gefänglichem Annehmen deß Beklagten/ von dem Richter nicht abscheiden/ er habe ihm dann ein namlich Hauß an einer bequemen/ sichern/ ungefährlichen Statt/ oder Ende benennen / dahin fürther der Richter alle gerichtliche nothdürfftige Verkündung zuschicken/ und solle der Kläger dem jenigen/ der ihm solche Verkündung zubringt/ von einer jeden Meil/ so er vom Gericht auß zu ihme lauffen muß/ einen zimlichen Botten-Lohn/ nach einer jeden Land-Art/ Gewonheit/ zu geben schuldig und pflichtig seyn/ und wie der Ankläger solch End benennet/ solle der Gerichtschreiber auch in die Gerichts-Acta schreiben.

18. Von den Sachen/ darauß man redliche Anzeig einer Mißhandlung nehmen mag

Item/ in dieser Unser- und deß Heiligen Reichs Peinl. Gerichts-Ordnungen/ (als vor- und nachstehet/) ist gemeinem Rechten nach Annehmens und gefänglich haltens/ auch Peinlicher Frag halber der jenigen/ so für Missethäter verdacht und verklagt werden/ und deß nicht geständig seyn/ auf redliche Anzeigung/ Warzeichen/ Argwohn/ und Verdacht/ der Mißhandlung gesetzt / dieselbige Sach oder Warzeichen/ so eine redliche/ genugsame Anzeigung/ Argwohn oder Verdacht geben/ seynd nicht möglich alle zu beschreiben. Damit aber dannoch die Amptleut/ Richter und Urtheiler/ so sonst dieser Sach nicht bericht seyn/ destobaß mercken mögen/ worauß eine redliche Anzeigung/ Argwohn oder Verdacht einer Mißhandlung kommen/ so seynd

seynd deßhalben die nachfolgende Gleichnüß einer redlichen Anzeigung/ Argwohns oder Verdachts/ wie daß ein jeder nach seinem Teutschen nennen oder erkennen kan/ hernach gesetzt.

19. Von Begreiffung deß Wörtleins Anzeigung.

Item/ wo wir nochmals redliche Anzeigung melden/ da wollen wir allwegen/ redliche Warzeichen/ Argwohn/ Verdacht/ und Vermuthung auch gemeynt haben/ und damit die übrige Wörter abschneiden.

20. Daß ohne redliche Anzeigung niemand solle Peinlich gefragt werden.

Item/ wo nicht zuvor redliche Anzeigung der Missethat/ darnach man fragen wolt/ vorhanden/ und bewiesen würde/ solle niemands gefragt werden/ und ob auch gleichwol auß der Marter die Missethat bekandt würde/ so solle doch der nicht geglaubt/ noch jemands darauff verurtheilet werden. Wo auch einige Obrigkeit oder Richter in solchem überführen/ sollen die/ dem/ so also wider Recht/ohne die bewisene Anzeigung / gemartert worden/ seiner Schmach/Schmerzen/Kosten und Schaden/ die gebührende Ersetzung zu thun/ schuldig seyn. §. Es soll auch keine Obrigkeit oder Richter in diesem Fall/ kein Urphede helffen schützen oder schirmen/ daß der Gepeinigte seine Schmach/Schmerzen/ Kosten und Schaden mit Recht/ doch alle thätliche Handlung außgeschlossen/ wie recht/ nicht suchen möge.

21. Von Anzeigung derer/ die mit Zauberey wahrzusagen sich unterstehen.

Item/ es soll auch auf der Anzeig / die durch Zauberey oder andern Künsten wahrzusagen sich anmassen/ niemands zur Gefängnus oder Peinlicher Frag / angeben/ sondern dieselbe angemaßte Wahrsager und Ankläger sollen darum gestrafft werden. So auch der Richter darüber auf solch der Wahrsager Angeben/ weiter führe/ solle er dem Gemarterten/ Kosten/ Schmerzen/ Injurien und Schaden/ wie trinechst obgesetzten Articul gemeldet/ abzulegen schuldig seyn.

22. Daß auf Anzeigung einer Missethat/ allein Peinliche Frag/ und nicht andere Peinliche Straff soll erkandt werden.

Item/ es ist auch zu mercken/ daß niemand auf einigerley Anzeigung/Argwohns/ Wahrzeichen oder Verdacht/ endlich zu Peinlicher Straff solle verurtheilet werden/ sondern allein Peinlich was man darauf fragen/ so die Anzeigung/ (als hernach gefunden würde/) genugsam ist dann soll jemand endlich zu Peinlicher Straff verurtheilt werden/das muß auf eigen Bekennen/ oder Beweisung/ (wie an andern Enden in dieser Ordnung klärlich gefunden wird) beschehen/ und nicht auf Vermuthung oder Anzeigung.

23. Wie die genugsame Anzeigungen einer Missethat bewisen werden sollen?

Item/ eine jede genugsame Anzeigung/ darauff man Peinlichen fragen mag/ soll mit zweyen guten Zeugen bewisen werden/ wie dann in etlichen Articuln darnach

nach

nach von genugsamer Beweisung geschrieben stehet. Aber so die Haupt=Sach der Missethat mit einem guten Zeugen bewisen wird/ die selbst/ als eine halbe Beweisung/ macht eine genugsame Anzeigung/ als hernach in dem dreyssigsten Artickul anfahend: Item/ eine halbe Beweisung/ als so einer in der Hauptsach rc. funden wird.

24. Daß man auf den nachgesetzten Anzeigungen in unbenandten/ und hierinn unaußgetruckten Argwöhnigkeiten der Missethat/ Gleichnus nehmen möge.

Item/ auß diesen nachgesetzten Artickuln von Argwohn und Anzeigung der Meysterhat sagend/ soll in Fällen/ so darinn nicht benandt seyn/ Gleichnus genommen werden; wann nicht müglich ist/ alle argwöhnige und verdächtige Fälle und Umstände zu beschreiben.

25. Von gemeinen Argwohnen und Anzeigungen/ so sich auf alle Missethaten ziehen.

Erstlich/ von argwöhnigen Theilen/ mit anhangender Erklärung/ wie/ und wann die eine redliche Anzeigung machen mögen.

Item/ so man der Anzeigung/ die in Not nachgesetzten Artickuln gemeldet/ und zu Peinlicher Frag genugsam verordnet seyn/ nicht gehabt haben mag/ so soll man Erfahrung haben/ nach den nachfolgenden und dergleichen argwöhnigen Umständen/ so man nicht alle beschreiben kan.

§. Erstlich/ ob der Verdachte eine solche verwegene oder leichtfertige Person von böser Leumuth und Gerüchte seye/ daß man sich der Missethat zu ihr versehen möge; oder/ ob dieselbige Person dergleichen Missethat vormals geübet/ unterstanden habe/ oder beziegen worden sey. Doch solle böser Leumut nicht von Feinden oder leichtfertigen Leuten/ sondern von unpartheylichen/ redlichen Leuten kommen.

§. Zum andern/ ob die verdachte Person/ an gefährlichen Orthen/ zu der That verdächtlich gefunden/ oder betretten würde.

§. Zum dritten/ ob ein Thäter in der That/ oder dieweil er auf dem Weg darzu oder davon gewesen/ gesehen worden; und ten Fall/ so er nicht erkandt wäre/ solle man Auffmerckung haben/ ob die verdachte Person eine solche Gestalt/ Kleider/ Waffen/ Pferde/ oder anders habe/ als der Thäter/ obbemeldter massen/ gesehen worden.

§. Zum vierdten/ ob die verdachte Person bey solchen Leuten Wohnung oder Geselschafft habe/ die dergleichen Missethat üben.

§. Zum fünfften/ solle man in Beschedigungen oder Verletzungen wahrnehmen/ ob die verdachte Person auß Neid/ Feindschafft/ vorgehender Traue/ oder Gewartung einiger Nutz zu der gedachten Missethat Ursach nehmen möchte.

§. Zum sechsten/ so ein Verletzter oder Beschädigter/ auß etlichen Ursachen/ jemand der Missethat selbs zeihet/ darauff stirbt/ oder bey seinem Eyde betheuret.

§. Zum siebenden/ so jemand einer Missethat halber flüchtig wird.

26. Zum achten.

Item/ so einer mit dem andern um groß Gut rechtet/ daß darzu der mehrertheil

r ertheil seine Nahrung habe/ und vermö-
g ens anrürffe/ der wird für einen Mißgön-
n er und grossen Feind seines widertheils geachtet: darum so der widertheil heimlich er-
morder würdet/ ist eine Vermuthung wider diesen Theil/ daß er solchen Mord gethan habe/ und wo sonst die Person ihres
Wesens verdächtlich wäre/ daß sie den
Mord gethan/ die mag man/ wo sie deßhalb nicht redliche Entschuldigung hätte/
gefänglich annehmen und Peinlich fragen.

27. Eine Regul/ wann die vorgemeldte argwöhnige Theil oder Stück/ sämentlich oder sonderlich eine genugsame Anzeigung zu Peinl. Frag machen.

JTem/ turnechst obgesetzten werden acht
Jargwöhnige Theil oder Stück/ von
Anzeigung Peinlicher Frag/ gefunden/der-
selbe argwöhnige Theil oder Stuck ist kei-
nes allein zu redlicher Anzeigung/ darauff
man Peinlich fragen mag/ gebraucht wer-
den/ genugsam. Wo aber solcher argwöhnige Theil oder Stück etliche beyeinander
erfunden werden/so sollen die jenige/ (denen
Peinlicher Frag halber zu erkennen und zu
handlen gebühret/ ermessen/ ob derselbe obbestimmte oder deraleichen erfundene argwöhnige Theil oder Stück/ so viel redlicher Anzeigung der verdachten Missethat thun mö-
gen/ als die nachfolgende Articul/ deren ein
jeder allein eine redliche Anzeigung macht/
und zu Peinlicher Frag genugsam ist.

28. Aber eine Regul in obge-meldten Sachen.

JTem/ mehr ist zu bedencken/ wann je-
Jmand eine Missethat mit etlichen arg-

wöhnigen Theilen oder Stücken/ (als vor-
stehet/) verdächt würdet/ daß allweg zwey-
erley gar eben wahrgenommen werden sollen. Erstlich/ die erfundene Argwöhnig-
keit: Zum andern/ was die verdachte Per-
son/ guter Vermuthung/ die sie von der
Missethat entschuldigen mögen/ für sich
hab; und so dann darauff ermessen mag
werden/ daß die Ursachen deß Argwohns
grösser seynd/ dann die Ursach der Entschul-
digung/ so mag alsdann Peinliche Frag
gebraucht werden. Wo aber die Ursachen
der Entschuldigung ein mehrer Ansehen und
Achtung haben/ dann etliche geringe Arg-
wöhnigkeit/ so erfunden seyn/ so soll die
Peinliche Frag nicht gebraucht werden.
Und so in diesen Dingen gezweifelt wurde/
sollen die jenige/ so Peinlicher Frag halber
zu erkennen und zu handlen gebühret/ bey
den Rechtsverständigen/ und an Enden
und Orten/ wie zu Ende dieser Unserer
Ordnung angezeiget/ Raths pflegen.

29. Gemeine Anzeigung der jegliche allein/zu Peinlicher Frag genugsam ist.

JTem/ so einer in Übung der That/ et-
Jwas verleurt oder hinder ihm ligen o-
der fallen läßt/ daß man hernachmals finden und ermessen mag/ daß es deß Thäters
gewesen ist/ mit Erkundigung/ wer solches
am nechsten vor dem Verlust gehabt hat/
ist Peinlich zu fragen/er würde dann etwas
dargegen fürwenden/ wo es sich erfinde o-
der bewiesen würde/ daß es bemeldten Argwohn ableinet/ alsdann solle dieselbige Ent-
schuldigung/ vor aller Peinlicher Frage zu
erfahren fürgenommen werden.

B 3   JTem/

30.

Item/ eine halbe Beweisung/ als so einer in der Haupt-Sach die Missethat
gründlich mit einem einigen guten tugend-
lichen Zeugen/ (als hernach von guten Zeugen und Weisungen gesagt ist/) beweiset/
das heißt und ist eine halbe Beweisung: und
solche halbe Beweisung macht auch eine
redliche Anzeigung/ Argwohn oder Verdacht der Missethat. Aber so einer etliche
Umstände/ Warzeichen/ Anzeigung/ Arg-
wohn/ oder Verdacht beweisen will/ das
solle er zum allerwenigsten mit zweyen gu-
ten/ tüglichen/ unverwerflichen Zeugen
thun.

31.

Item/ so ein überwundener Missethä-
ter/ der in seiner Missethat Helffer ge-
habt/ jemand in der Gefängnus besagt/ der
ihm zu seinen geübten erfundenen Missethaten geholffen haben/ ist auch eine Arg-
wöhnigkeit wider den Besagten/ so fern bey
solcher Besagung nachfolgende Umstände
und Ding geholen und erfunden werden.
§. Erstlich/ daß dem Sager die beklagte
Person in der Marter mit Namen nicht
fürgehalten/ und als auf dieselbige Person
sonderlich nicht gefraget oder gemartert worden sey/ sondern/ daß er in einer Gemein
gefraget/ wer ihm zu seinen Missethaten
geholffen/ den Besagten von ihme selbst be-
dacht und benennet habe. §. Zum andern
gebührt sich/ daß derselbige Sager gar eigentlich gefraget werd/ wie/ wo/ und wann
ihm der Besagte geholffen/ und was Gesellschafft er mit ihm gehabt habe/ und in solchem solle man den Sager fragen/ aller
möglicher und nothdürfftiger Umständen/
die nach Gelegenheit und Gestalt jeder
Sach/ allerbest zu nachfolgender Erfindung

der Warheit dienstlich seyn mögen/ die al-
hier nicht alle beschrieben werden/ aber ein
jeder fleißiger und verständiger selbst wohl
bedencken kan. §. Zum dritten gebührt
sich zu erkündigen/ ob der Sager in sonder
Feindschafft/ Unwillen oder Widerwär-
tigkeit mit dem Besagten stehe: Dann wo
solche Feindschafft/ Unwillen oder Wider-
wärtigkeit offenlich wäre oder erkündiget
wurde/ so wäre dem Sager solche Sag/
wider den Besagten nicht zu glauben/ er
zeigte dann deßhalben sonst so glaublich redliche Ursach und Warzeichen an/ die man
auch in Erkündigung erfinde/ die eine redliche Anzeigung machen. §. Zum vierd-
ten/ daß die besagte Person also argwöhnig
seye/ daß man sich der besagten Missethat zu
ihr versehen möge. §. Zum fünfften/ so
soll der Sager auf der Besagung beständig
bleiben; jedoch/ so haben etliche Beichtvätter einen Mißbrauch/ daß sie die Armen
in der Beicht underweisen/ ihre Sag/ so
sie mit Warheit gethan haben/ am letzten zu
widerruffen/ das soll man/ so viel es seyn
kan/ bey den Beichtvätern fürkommen/
wann niemand geziemt/ wider einen gemeinen Nutz den Ubelthäter ihre Boßheit
decken zu helffen/ die den unschuldigen
Menschen zu Nachtheil kommen mag. Wo
aber der Sager seine Besagung oder Dar-
geben/ am letzten wiederruffte/ die er doch
vorher mit guten erzehlten Umständen gethan hätte/ und geacht möcht werden/ er
wolt seinen Helffern damit zu gut handlen/
oder daß er vielleicht deß durch seinen
Beichtvatter/ als obgemeldt ist/ underwi-
sen wär/ alsdann muß man ansehen deß
Sagers angezeigte und andere erkundigte
Umstände/ und darauß ermessen/ ob die
Versagung eine redliche Anzeigung der
Misse-

Miſſethat gebe oder nicht. Und in ſolchem iſt ſonderlich auch ein Auffſehens zu haben/ und zu erfahren/ den guten oder böſen Stand und Leumuth deß Verſagten und was Gemein-oder Geſelſchafft er mit dem Verſager gehabt habe.

32.

JTem/ ſo einer/ wie vor von gantzer Weiſung geſagt iſt/ genugſam über-wieſen würdet/ daß er von ihm ſelbs rühme-

oder andere weiß/ ungenöthigter ding geſagt hätte/ daß er die beklagte oder verdachte Miſſethat gethan/oder ſolche Miſſethat vor der Geſchicht zu thun gedroht; hätte/ und die Thar auch darauff in kurtzer Zeit erfolgt wär/ und es wäre eine ſolche Perſon/ daß man ſich derſelben That zu ihr verſehen mag/ wird auch für eine redliche Anzeigung der Miſſethat gehalten/ und iſt Peinlich dar-auff zu fragen.

Von Anzeigungen/ ſo ſich auff ſonderliche Miſſe-thaten ziehen/ und iſt ein jeder Artickul/ zu redlicher Anzei-gung derſelbigen Miſſethat genugſam/ und dar-auff Peinlich zu fragen.

33. Von Mord der heimli-chen Geſchicht genugſame Anzeigung.

JTem/ ſo der Verdachte und Beklagte deß Mords halber um dieſelbige Zeit als der Mord geſchehen/ verdächtlicher Weiß/ mit blutigen Kleidern oder Waffen geſehen worden/ oder ob er deß Ermordten habe/ genommen/ verkaufft/ vergeben/ oder noch bey ihm hätte/ das iſt für eine red-liche Anzeigung anzunehmen/ und Peinli-che Frag zu gebrauchen/ er könde dann ſol-chen Verdacht mit glaublicher Anzeig. oder Beweiſung ableinen/ das ſoll vor aller Peinlicher Frag gehört werden.

34. Von offentlichen Tod-ſchlägen/ ſo in Schlagen oder Ru-moren under vielen Leuten geſche-hen / das niemand gethan will haben/ genugſame An-zeigung.

JTem/ Todſchläg/ ſo in offenbarem Schlagen oder Rumoren beſchehen/ dey niemand Thäter ſeyn will. Iſt dann der Verdachte bey dem Schlagen auch mit dem Entleibten widerwärtig geweſt/ ſein Meſſer gewonnen/ und auff den Entleibten geſtochen/ gehauen/ oder ſonſt mit geſährli-chen Streichen geſchlagen hat/ ſolches iſt ei-ne redliche Anzeigung der geübten Thar hal-ber/ und Peinlich zu fragen/ und wird ſol-cher Verdacht noch mehr geſtärckt/ wo ſein Wöhr blutig geſehen worden wäre. Wo aber ſolcher oder dergleichen nicht vorhan-den/ ob er dann gleich ungeſährlicher Weiß bey dem Handel geweſen/ ſolle er Peinlich nicht gefragt werden.

35. Von heimlichem Kinder-haben / und tödten durch ihre Mütter/ genugſame An-zeigung.

JTem

Item/ so man eine Dirn / so für eine
Jungfrau gehet/ im Argwohn hat/daß
sie heimlich ein Kind gehabt/ und ertödtet
habe/ solle man sonderlich erkundigen/ ob sie
mit einem grossen ungewohnlicher Leib gesehen worden sey? mehr/ ob ihr der Leib
kleiner worden sey/ und darnach bleich und
schwach gewesst sey? So solches und dergleichen erfunden würde/ wo dann dieselb-
bige Dirn eine Person ist/ darzu man sich
der verdachten That versehen mag/ soll sie
durch verständige Frauen/ an heimlichen
Stätten/ als zu weiterer Erfahrung dienstlich ist/ besichtiget werden; wird sie dann
daselbst auch argwöhnig erfunden/und will
die That dannoch nicht bekennen/ mag man
sie Peinlich fragen.

36.

Item/ wo aber das Kindlein/ so kürtz-
lich ertödtet worden ist/ daß der Mutter die Milch in den Brüsten noch nicht ver-
gangen/ die mag an ihren Brüsten gemol-
cken werden; welcher dann in den Brüsten
rechte vollkommene Milch erfunden würde/
die hat desshalb eine starcke Vermuthung Peinlicher Frag halber wider sich:
Nach dem aber etliche Leib-Artzte sagen/daß
auß etlichen natürlichen Ursachen etwan ei-
ne/ die kein Kind getragen/ Milch in Brüsten haben möge/ darum so sich eine Dirn
in diesen Fällen also entschuldigte/ solle dess-
halben durch die Hebammen oder sonst weitere Erfahrung geschehen.

37. Von heimlichem Verge-
geben gnügsam Anzeyggung.

Item / so der Verdacht überwiesen
würde/ daß er Gifft kaufft / oder sonst
damit umgangen/ und der Verdacht/ mit
dem vergifften/ in Uneinigkeit gewest/ oder

aber von seinem Todt / vortheyle oder nutz
wartend wer / oder sunst ein leichtfertig
Person / zu der man sich der That versehen
möcht / das macht ein redlich Anzeygung/
der Mißhat ; er künde dann mit glaublichem
chem Schein anzeygen/daß er solch Gifft zu
andern unsträfflichen Sachen gebraucht
hät/oder gebrauchen wollen.

Item/ so einer Gifft kaufft / und deß
vor der Obrigkeit in laugnen stünd/
und doch deß Kauffs überwiesen wird/
mache auch gnügsam Ursach zu fragen/
worzu er solch Gifft gebraucht/ oder brauchen wollen.

Item/ es sollen auch alle Obrigkeiten
an jeden Orten/ die Apotecker und
andere/ so Gifft verkauffen/ oder damit
handleten/ in Glübt und Eyde nehmen/
daß sie niemands einig Gifft verkauffen
noch zustellen/ohn Anzeygen/vorwissen und
Erlaubung derselben Obrigkeit.

38 Von verdacht der Raub-
ber gnügsam Anzeyge.

Item / so erfunden wirdet / daß je-
manndt der Güter/so geraubt sein/bey
ihm / oder dieselben verkaufft/ übergeben/
oder in andere gestalt damit verdächtlicher
weiß gehandelt/ und seinen verkauffer und
verman nit anzeygen wolt/ der hat ein
redlichs Anzeygen solchs Raubs halber wider sich/bieweil er nit außkündig macht/daß
er nit gewust/ daß solch Güter geraubt sey-
en/ sonder die mit einem guten Glauben
an sich bracht habe.

39. Item/ so Reysig oder Fußknecht
gewonlich bey den Wirten ligen/
und

und zehren/und nie solche redliche Dienst/
Handthierung oder Güte/ die sie haben/
Anzeigen können/ davon sie solch Zehrung
zimlich thun mögen / die seynd argwönig
und verdächtlich zuvil bösen Sachen/ und
allermeist/zu Rauberey/ als sonderlich auß
unserem und deß Reichs gemeinen Lande
Friden zumercken/darinnen gesagt ist/ daß
man solche Buben nit leiden/ sondern an
nehmen/ härtiglich Fragen/ und um ihre
Mißthat mit Ernst st offen soll/ desgleich
en soll ein jede Obrigkeit auff die ver
dächtige Betler und Landtfarer auch fleis
sig auffsehens haben.

40. Von gnügsamen Ver-dacht der jenigen so Raubern oder Dieben helffen.

Item / so einer wissentlich und gefährlicher weiß von geraubtem oder gestol-
nem Gut/Beut oder Theyl nimbt/ oder so
einer die Thäter wissentlich und gefährlicher weiß äzt oder drenckt/auch die Thäter
oder obgemelt unrecht Gut gar oder zum
Theil wissentlich anneme / heimlich ver-
birgt / beherbergt/verkaufft oder vertreibt/
oder so jemand den Thättern/sonst in andere
dergleichen Weg / gefährliche Fürderung/
Rath oder Beystand thut/ oder in ihren
Thatten unzimliche Gemeinschafft mit ihn
hette/ ist auch ein Anzeigung peinlich zu
fragen.

Item/so einer Gefangen heimlich helt/
die ihm entlauffen/ und anzeigen/ wo
sie gelegen seindt: mehr so ein verdechtlicher/
den man in der Sach nie vil guts vertrau-
et / aber partheilig und auß der Thätter
Selten/auß guten Ursachen hält/ohne vor-
wissen deß Gefangenen Obrigkeit/Vertrag
um Schatzung macht/ und die Schatzung

anneme oder Bürg darüber würdet / diese
Ding alle/ in beyden obbemelten Artickeln/
summenlich und sonderlich / seindt Wartzel-
chen/ die e'n redlich Anzeigung der mißthe-
tiger Hülff halber machen und Peinlich zu
fragen.

41. Von heimlichem Brand gnügsame Anzeigung.

Item / so einer eines heimlichen
Brandts verdacht/ oder beklagt wür-
de/ wo dann der selbig sonst ein Argwoniger
Gesell ist/ und man sich erkunden mag/ daß
er kürzlich vor dem Brand/ häliger und verdächtlicher weiß/ mit ungewonlichen verdächtlichen gefährlichen Feuerwercken/ damit man heimlich zu Brennen pflegt/ um-
gangen ist/das gibt redliche Anzeigung der
Mißthat / er kündt dann mit guten glaub-
lichen Ursachen Anzeigen/ daß er solches zu
unstrafflichen Sachen gebraucht hätt oder
gebrauchen wollen.

42. Von Verrätterey gnüg-same Anzeigung.

Item / so der Verdacht heliger/unge-
wonlicher und gefährlicher weiß/ bey
den jenigen/ denen er verraten zu haben in
Verdacht stehet/ gesehen worden / und sich
doch stellet / als sey er vor den selben unsich-
er/und ist ein Person/darzu man sich solchs
versehen mag/ ist ein Anzeigung zu Peinlicher Frag.

43. Von gnügsamen Ver-dacht der Dieberey.

Item/so der Diebstal/ bey dem Verdachten gefunden oder erfahrn würdet/
daß er den gar/oder zum Theyl gehabt/ ver-
laufft vergeben/ oder ohnworden habe/und

seinen

seinen Verkauffer und Werman nit Anzeigen wolt/ so hat derselbig ein redlich Anzeigen der Missethat wider sich/ dieweil er nit außführt/ daß er solche Güter/ ungefährlicher unsträfflicher weiß mit einem guten Glauben an sich bracht habe.

Item/ so der Diebstal/ mit sondern Sperr- oder Brech zeugen/ beschehen wer/ so dann der Verdacht am selben ende geweßt/ und mit solchen gefährlichen Sperr oder Brech zeugen umgangen/ damit der Diebstal beschehen/ und der Verdächtige ein solche Person ist/ darzu man sich der Missethat versehen mag/ ist Peinliche Frag zu gebrauchen.

Item/ so ein mercklicher grosser Diebstal geschicht/ und jemand deß Verdacht würdet/ der nach der That mit seinem außgeben/ reichlicher erfunden wirdt/ dann sonst ausserhalb deß Diebstals sein vermögen sein kan/ un der Verdächtige nicht ander Guts Ursach anzeigen kan/ wo ihm das angezeigt Argwonig Gut herkommen/ ist es dann ein solche Person/ zu der man sich der Missethat versicht/ so ist redlich Anzeigung der Missethat wider sie vorhanden.

44. Von Zauberey genugsame Anzeigung.

Item/ so jemand sich erbeut andere Menschen Zauberey zu lernen/ oder jemands zu bezaubern bedroht/ und dem bedrohten dergleichen beschicht/ auch sonderlich Gemeinschafft mit Zaubern oder Zauberin hat oder mit solchen verdächtlichen Dingen/ Gebärden/ Worten und Weisen/ umgehet die Zauberey auff sich tragen/ und die selbig Person desselben

sonst auch berüchtigt/ das gibt ein redlich Anzeigung der Zauberey/ und gnugsame Ursach zu Peinlicher Frage.

45. Von Peinlicher Frag.

Item/ so der Argwon und Verdacht seiner beklagten und vermeinten Mißhandlung/ als vorsteht/ erfunden und für bewiesen angenommen/ oder beweisen ertant wirdt/ so soll dem Anklager auff sein begehren/ alsdann ein Tag zu Peinlicher Frage benennt werden.

46.

Item/ so man dann den Gefangenen Peinlich Fragen will/ von Ampts wegen/ oder auff Ansuchen deß Klägers/ soll derselbig zuvor in Gegenwärtigkeit deß Richters/ zweyer deß Gerichts und deß Gericht Schreibers fleissiglich zu Rede gehalten werden mit Worten/ die nach Gelegenheit der Person/ und Sachen zu weiterer Erfahrung der Ubelthat oder Argwönigkeit allerbest dienen mögen/ auch mit Bedrohung der Marter besprochen werden/ ob er der beschuldigten Missethat bekantlich sey oder nicht/ und was ihm solcher Mißthat halber bewußt sey/ und was er aledann bekönnt/ oder verneine/ soll auffgeschrieben werden?

47. Auffführung der Unschuldt vor der Peinlichen Frage zu ermahnen/ und darauff weithere Handlung.

Item/ so in dem jetzgemelten Fall/ der beklagte/ die angezogene Ubelthat verneint/ so soll ihm alsdann fürgehalten werden/ ob er Anzeigen könde/ daß er der auffgelegten

legten Missethat unschuldig sey/ und man
soll den Gefangenen sonderlich erinnern/ ob
er könde weisen und Anzeigen/ daß er auff
die Zeit/ als die angezogene Missethat gesche-
hen/ bey Leuten/ auch an Enden oder Orten
gewest sey/ dardurch verstanden/ daß er die
verdachte Missethat nicht gethan haben
könde/ und solche Erinnerung ist darum
Noth/ daß mancher auß Einfalt oder Schre-
cken/ nicht fürzuschlagen weiß/ ob er gleich
unschuldig ist/ wie er sich daß entschuldigen
und außführen soll. Und so der Gefangen berührter massen oder wie andern
dienstlichen Ursachen/ sein Unschuld an-
zeige/ solcher angezeigten Entschuldigung/
soll sich alsdann der Richter auff deß Verklagten oder seiner Freundschafft Kosten/
auff das fürderlich erkundigen/ oder aber
auff Zulassung deß Richters die Zeugen/ so
der Gefangene oder seine Freund deßhalb
stellen wolten/ wie sich gebürt/ und hernach
von weisung an dem zweyten und sechzigsten
Artickel anfahend: Item wo der Bellagt
nichts bekennen rc. Und in etlichen Artic-
keln darnach gesagt ist/ auff ihr begehr verhört werden/ solche obgemelte Kundschafft
Stellung/ auch dem Gefangenen/ oder seinen

Freunden/ auff ihr begehren ohn Gut rechtmässige Ursach nicht abgeschlagen/ oder
oberkant werden soll. Wo aber der ver-
klagt/ oder sein Freundschafft solchen obgedachten Kosten/ Armuth halber nicht erra-
gen oder erleiden möcht/ damit dann nichts
destominder das Übel gestrafft oder der unschuldig wider Recht nicht übereilt werde/
so soll die Obrigkeit oder das Gericht den
Kosten darlegen/ und der Richter/ im Rechten fürfahren.

Item/ so in der jetzgemelten Erfahrung
deß beklagten Unschuld nicht erfunden
würde/ so soll er alsdann auff vorgemelt
Erfindung redlichs Argwons oder Verdachts Peinlich gefragt werden in Gegenwärtigkeit deß Richters und zum wenigsten
zweyer deß Gerichts und deß Gerichts
Schreibers/ und was sich in der Urgicht
oder seiner Bekantnuß und aller Erkundigung findet/ soll eigentlich auffgeschrieben/
dem Kläger so vil ihn betrifft eröffnet und
auff sein begehr Abschrifft gegeben/ und gefährlich nicht verzogen oder verhalten werden.

Wie die jenige/ so auß Peinlichen Fragen einer
Missethat bekennen/ nachfolgends weither ausserhalb
Marter um Unterricht gefragt werden sollen?

48. Erstlich vom Mord.

Item/ so der gefragt der angezogenen
Missethat durch die Marter/ als vor-
stehe/ bekantlich ist/ und sein Bekantnuß
auffgeschrieben würde/ so sollen ihnen die
Verhörer seiner Bekantnuß halber gar
unterschiedlich (wie zum Theil hernach be-

rührt wirdt) und dergleichen so zu erfahrung der Warheit dienstlich/ fleissig Fra-
gen/ und nemlich/ Bekönnt er einen Mord/
man soll ihn fragen/ auß was Ursachen er
die That gethan/ auff welchen Tag und
Stund/ auch an welchem Ende/ ob ihm
jemands und wer ihm darzu geholffen/ auch

wo

wo er den Todten hin Vergraben oder gethan / mit was Waffen solcher Mord beschehen sey / wie und was er dem Todten
für Schläge oder Wunden geben oder gehauen / oder sonsten umbracht habe / was der
Ermordt bey ihm gehabt von Geld oder an-
derem / und was er ihm genommen / wo er
auch solche Nahm hingethan / Verkaufft/
vergeben/ohnworden / oder verborgen habe/
und solche Frag ziehen sich auch in vil stücken wol auff Rauber und Dieb?

49. So der gefragt Verrä-
terey Bekennt.

Item / bekennt der Gefangene Verrä-
terey / man soll ihn fragen / wer ihn
darzu bestelt / und was er darum empfan-
gen/ auch wo/ wie/ und wann solchs beschehen sey / und was ihn darzu verursacht
habe?

50. Auff Bekenntnuß von
Vergifftung.

Item/ Bekennt der Gefragt/ daß er jemand Vergifft habe / oder Vergifften
wollen / man soll ihn auch Fragen aller Ursachen und Umständ (als obsteht) und
daß mehr/ was ihn darzu bewegt / auch wo
mit/ und wie er die Vergifftung gebraucht/
oder zu gebrauchen vorgehabt / und wo er
solch Gifft bekommen/ und wer ihm darzu
geholffen/ oder gerathen habe?

51. So der gefragt ein
Brandt bekennt.

Item / bekennt der gefragt ein
Brandt/ man soll ihnen sonderlich der
Ursach / Zeit / und Gesellschafft halb (als
obsteht Fragen) und daß mehr mit was
Feuerwerck er den Brandt gethan / von

wem/ wie/ oder wo er solch Feuerwerck oder
den Zeug darzu zuwegen bracht habe?

52. So die gefragte Person
Zauberey Bekennt.

Item / Bekennt jemand Zauberey/
man soll auch nach den Ursachen und
Umständen / als obsteht Fragen / und daß
mehr/wo mit/wie und wann/die Zauberey
beschehen/mit was Worten oder Wercken?
So dann die gefragte Person Anzeige/ daß
sie etwas eingraben/ oder behalten hät/ daß
zu solcher Zauberey dienstlich sein solt/ man
soll darnach suchen: ob man solches finden
könd/wer aber solches mit andern Dingen/
durch Wort oder Werck gethan / man soll
dieselbe nach Ermessen/ ob sie Zauberey
auff ihnen fragen? Sie soll auch zufragen sein/ von wem sie solche Zauberey ge-
lernt/und wie sie daran kommen sey/ ob sie
auch solche Zauberey gegen mehr Personen
gebraucht / und gegen wem/ was schaden
auch damit geschehen sey?

53. Von gemeinen unbenan-
ten Fragstucken/auff Bekandtnuß
die auß Marter geschicht.

Item/auß den obgemelten kurzen Un-
terrichtungen kan ein jeder Verständiger wol mercken/was nach Gelegenheit jeder Sachen / auß die Bekannte Missethat
deß gefragten welcher und mehr zufragen
sey/ daß zu Erfahrung der Warheit dienstlich ist/ welches alles zu lang zubeschreiben
wär/ aber ein jeder Verständiger/auß dem
obgemelten Anzeigen wol vorsteht/wie er
solche Beyfrag in andern fällen thun soll/
darum solch Wahrzeichen und Umstände
von dem jenen der ein Missethat bekennt
hat/ gefragt werden/ die kein Unschuldiger
wissen

wissen oder sagen kan/ und wie der Gefragte die fürgehaltene Unterschied erzehlet/ solle
auch eigentlich aufgeschrieben werden?

54. Von Nachfrag und Er-
kundigung der bösen bekand-
ten Umständen.

JTem/ so obgemelte Fragstück auf Be-
kandtnus/ die auß- oder ohne Marter
geschicht/ gebraucht werden/ so soll alsdann
der Richter an die End schicken/ und nach
den Umständen/ so der Gefragte der bekand-
ten Missethat halber erzehlt hat/ so viel zu
Ergründung der Warheit dienstlich/ mit allem Fleiß fragen lassen/ ob die Bekandtnus
der obberührten Umstände wahr seye oder
nicht? dann so einer anzeige die Maß und
Form der Missethat/ als vor zum theil gemeldet ist/ und sich dieselbige Umstände also befinden/ so ist darauß wohl zu mercken/
daß der Gefragte die bekandte Missethat gethan hat/ sonderlich/ so er solche Umstände
sagt/ die sich in der Geschicht haben begeben/
die kein Unschuldiger wissen kan.

55. Wo die bekandte Umstän-
de der Missethat in Erkundigung
nicht wahr befunden
würden?

JTem/ erfindet sich aber in obbemelter
Erkundigung/ daß die bekandte Umstände nicht wahr wären/ solche Unwarheit
soll man dem Gefangenen fürhalten/ ihne
mit ernstlichen Worten darum straffen/ und
mag ihn alsdann mit Peinlicher Frag auch
zum andern mal angreiffen/ damit er die ob-
angezeigte Umstände recht und mit der
Warheit anzeige/ dann je zu Zeiten die
Schuldige die Umstände der Missethat

56. Keinem Gefangenen die
Umstände der Missethat vorher zu
sagen/ sondern ihn die gantz von
ihm selbst sagen
lassen.

JTem/ in den vorgehenden Articuln ist
klärlich gesetzt/ wie man einen/ der eine Missethat/ die zweiffelig ist/ auß Marter oder Bedrohung der Marter/ bekennet/
nach allen Umständen derselben Missethat
fragen/ und darauff Erkundigung thun/
und also auf den Grund der Warheit kom-
men/ rc. solches würde aber etwa damit
verderbt/ wann dem Gefangenen im Annehmen oder Fragen/ dieselbe Umstände der
Missethat vorgesagt und darauff gefragt
werden. Darum wollen wir/ daß die Richter solchem Fürkommen/ daß es nicht gesche-
he/ sondern den Verklagten nicht anders/
vor- oder in der Frag/ fürgehalten werde/
dann nach der Weiß alles klärlich in den
vorgehenden Articuln geschriebn stehet.

JTem/ der Gefangene soll auch zum wenigsten über den andern/ oder mehr Tag
nach der Marter/ und seiner Bekandnus
nach Gutbeduncken deß Richters in die
Büttelstuben oder ander Gemach für den
Bann-richter/ und zween deß Gerichts ge-
führt/ und ihm sein Bekandnus durch den
Gerichtschreiber fürgelesen/ und alsdann
anderwerts darauff gefragt/ ob sein Bekandnus wahr sey/ und was er dazu sagt/
auch aufgeschrieben werden?

C 3   57. So

57. So der Gefangene vor bekandter Mißethat wieder laugnet.

Item/ wo der Gefangene der vorbekandten Mißethat laugnet/ und doch der Argwohn/ als vorsteher/ vor Augen wär/ soll man ihn wieder ins Gefängnus führen/ und welcher mit Peinlicher Frag gegen ihn handlen: und doch mit Erfahrung der Umständt/ als vorstehet/ in allweg fleissig seyn/ nach dem der Grund Peinlicher Frage darauff stehet/ es wäre dann/ daß der Gefangene solche Ursachen seines Laugnens fürwendet/ dardurch der Richter bewögt würde/ zu glauben/ daß der Gefangene solche Bekandtnus auß Irrsal gethan/ alsdann mag der Richter demselben Gefangenen/ zu Außführung und Beweisung solches Irrsals zulassen.

58. Von der Maß Peinlicher Frage.

Item/ die Peinliche Frag solle nach Gelegenheit deß Argwohns der Person/ viel/ offt oder wenig/ hart oder linder/ nach Ermessung eines guten/ vernünfftigen Richters/ fürgenommen werden/ und solle die Sag deß Gefragten nicht angenommen oder aufgeschrieben werden/ so er in der Marter/ sondern soll sein Sag thun/ so er von der Marter gelassen ist.

59. So der Arme/ den man fragen will/ gefährliche Wunden hat.

Item/ so der Beklagte gefährliche Wunden oder andere Schäden an seinem Leibe hätte/ so soll die Peinliche Frag dermassen gegen ihn fürgenommen werden/ damit er an solchen Wunden oder Schäden am wenigsten verletzt würde.

60. Ein Beschluß/ wann der Bekandtnus/ so auf Peinliche Frage beschicht/ endlich zu glauben ist.

Item/ so auf erfundene redliche Anzeigungen einer Mißethat halb/ Peinliche Frag fürgenommen/ auch auf Bekandtnus deß Gefragten/ wie dasselbige alles in dem vorhergehenden Articuln klärlich gesetzt ist/ fleissige mögliche Erkundigung und Nachfrage beschicht/ und in derselben bekandter That halber/ solche Warheit befunden wird/ die kein Unschuldiger also sagen und wissen kondt/ alsdann ist derselbigen Bekandtnus unzweiffelig beständiger Weiß zu glauben/ und nach Gestalt der Sachen Peinliche Straff darauf zu urtheilen/ wie hernach bey dem hundertsten und vierdten Articul ansehend: Item/ so jemand unsern gemeinen geschriebenen Rechten nach/ rc. und in etlichen Articuln darnach von Peinlichen Straffen erfunden wird.

61. So der Gefangene auf redlichen Verdacht mit Peinlicher Frag angegriffen/ und nicht unrecht erfunden oder überwunden wird.

Item/ so der Verklagte/ auf einen solchen Argwohn und Verdacht/ der zu Peinlicher Frag (als vorstehet) genugsam erfunden/ Peinlich eingebracht/ mit Marter gefragt/ und doch durch eigen Bekandtnus oder Beweisung der beklagten Mißethat nicht überwunden wird/ haben doch Richter und Ankläger mit obgemeldten ordentlichen
lichen

ltchen/ und in Recht zuläſſigen/ Peinlichen Fragen/ kein Straff verwürckt/ dann die böſe erfundene Anzeigungen haben/ der geſchehenen Frag entſchuldigte Urſach geben/ wann man ſoll ſich nach der Sag der recht nicht allein vo Vollbringung der Ubelthat/ ſondern auch vor aller Geſtaltnus deß Ubels/ ſo böſen Leumut oder Anzeigung der Miſſethat machen/ thun/ und wer das nit thut/ der würde deßhalb gemelter ſeiner Beſchwerd ſelbs Urſach ſeyn; und ſolle in dieſem Fall der Ankläger allein ſeinen Koſten/ und der Bekagte deßgleichen ſeine Azung/ nach dem er ſeinem Verdacht Urſach geben/ auch entrichten/ und die Obrigkeit die übrige Gerichts-Koſten/ als für den Nachrichter und andere Diener deß Gerichts oder Gefängnus halber ſelbs tragen. Wo aber ſolche Peinliche Frag dieſer - und deß Heiligen Reichs rechtmäſſigen Ordnung widerwärtig gebraucht würde/ ſo wären dieſelbige Richter/ als Urſächer ſolcher unbilliger Peinlicher Frag/ ſträfflich/ und ſollen darum nach Geſtalt und Gelegenheit der Ubersahrung/ wie recht iſt/ Straff und Abtrag leiden/ und mögen darum vor ihrem nechſten ordenlichen Ober-Gerichs gerechtfertiget werden.

62. Von Beweiſung der Miſſethat.

Item/ wo der Beklagte nichts bekennen/ und der Ankläger die geklagte Miſſhandlung beweiſen wolt/ damit ſoll er/ als recht iſt/ zugelaſſen werden.

63. Von unbekandten Zeugen.

Item/ unbekandte Zeugen ſollen auff Arsechrung deß Gegentheils nicht zugelaſ-

ſen werden/ es würde dann durch den/ ſo die Zeugen ſtellet/ ſtattlich fürgebracht/ daß ſie redlich und unverleumbt wären.

64. Von belohnten Zeugen.

Item/ belohnte Zeugen ſeyn auch verworffen/ und nicht zuläſſig/ ſondern Peinlich zu ſtraffen.

65. Wie Zeugen ſagen ſollen?

Item die Zeugen ſollen ſagen/ von ihrem ſelbſt eignen wahren Wiſſen/ mit Anzeigung ihres Wiſſen gründlicher Urſach. So ſie aber von frembden hören ſagen würden/ das ſoll nicht genugſam geachtet werden.

66. Von genugſamen Zeugen.

Genugſame Zeugen ſeynd die/ die unverleumbder/ und ſonſt mit keiner rechtmäſſigen Urſach zu verwerffen ſeyn.

67. Von genugſamer Gezeugnus.

Item/ ſo eine Miſſethat zum wenigſten mit zweyen oder dreyen glaubhafften guten Zeugen/ die von einem wahren Wiſſen ſagen/ beweiſen wird/ darauf ſoll/ nach Geſtalt der Verhandlung/ mit Peinlichen Rechten vollfahren und geurtheilet werden.

68. Von falſchen Zeugen.

Item/ wo Zeugen erfunden und überwunden werden/ die durch falſche böshafftige Zeugſchafft jemand zu Peinlicher Straff

Straff unschuldiglich bringen/ oder zu bringen unterstünden/ die haben die Straff verwürckt/ in welche sie den Unschuldigen/ als obstehet. haben bezeugen wollen.

69. So der Beklagte nach der Beweisung nicht bekennen wolt.

Item so der Beklagte/ nach genugsamer Beweisung/ noch nicht bekennen wolt/ solle ihm angezeigt werden/ daß er der Mißethat bewisen seye/ ob man dardurch seine Bekandtnus desto eher erlangen köndte? ob er aber dannoch darüber nochmals nicht bekennen wolt/ dessen er doch/ als obstehet/ genugsam überwisen wär/ so solle er nicht destoweniger der bewisenen Mißethat nach/ ohne einige Peinliche Frage/ verurtheilet werden.

70. Von Verstellung und Verhörung der Zeugen.

Item/ nach dem aber noch ist/ daß die Zeugschafft/ darauff jemand zu Peinlicher Straff soll verurtheilt werden/ gar lauter und rechtfertig sey/ so wollen wir/ wo eines Beklagten Mißethat verborgen wär/ und er derselbigen auff Frag/ wie vorstehet/ nicht bekandtlich sey/ und doch der Anklager die geklagte vermeinte Mißethat bewisen wolt/ und damit zugelassen würde/ daß er der Anklager seine Articul/ die er weisen will/ ordenlich aufzeichnen lasse/ und dem Richter in Schrifften überantwortet/ mit Meldung/ wie die Zeugen heissen/ und wo sie wohnen/ damit alsdann darauff durch etliche auß den Urtheilern/ oder aber andere verordnete Commissarien/ wie unterschiedlich hernach davon geschriben stehet/ Kundschafft noch fürsichtiger und gebührlicher Weiß verhöret werde.

71. Von den Kundschafft-Verhörern im Gericht.

So nun dasselbe Peinliche Gericht mit Personen/ die solche Kundschafft rechtmässiger Weiß zu verhören geschickt und verständig seyn/ besetzt ist/ so solle der Richter samt zweyen auß denselben darzu tüglich und dem Gerichtschreiber gemeldete Kundschafft/ wie sich in Recht gebührt/ mit Fleiß verhören/ und sonderlich eigentlich aufmercken/ ob der Zeug in seiner Sage würde wanckelmütig und unbeständig erfunden/ solche Umstände/ und wie er den Zeugen in eusserlichen Geberden vermerckt/ zu dem Handel auffschreiben?

72. Von Kundschafft-Verhörern ausserhalb deß Gerichts.

Wo aber ein Peinl. Gericht (wie dann im Reich an vielen Orten befunden) mit solchen obgemeldten darzu verständigen Personen nicht besetzt wär/ wiewohl dann sonst/ nach vermög gemeiner Rechten/ in Peinlichen Sachen/ ausserhalb derselbigen Gerichts-Personen/ nicht Kundschafft-Verhörer oder Commissarien gegeben werden sollen. Dieweil aber an verständigen Kundschafft-Verhörern viel gelegen ist/ damit dann/ auß Unverstand dieser Kundschafft Verhörer keine Verkürtzung geschehe. So ordnen und wollen wir/ wo obgemeldter Mangel erscheine/ daß dißfalls die obgedachte verzeichnete Weisungs-Articul durch den Richter und 4. Schössen/ doch an Nachtheil oder Kosten der Partheyen

der

der vorgemeldten nechsten Obrigkeit zuge-
schickt / und dabey Gelegenheit und Sachen / so viel sie der Bericht empfangen / angezeigt werde / darauff dann dieselbige O-
bizkeit verständige Kundschafft-Verhörer /
ungeacht / ob sie nicht deß Gerichts wären /
auff Ansuchung deß / der Kundschafft führen will / verordnen / und ob es die Noht-
durfft erfordert und begehrt würde / Com-
pulsorial- und Comps.-Brieff geben soll /
dardurch die Zeugen zu gebührlicher Sage
zu bringen seynd / und soll demnach gemelte Obrigkeit (so viel an ihr ist) allen Fleiß
thun / und was sie selbs nicht verstünd / bey
Rechtsverständigen Raths pflegen / damit
solche Kundschafft / dem Rechten gemäß /
verhöret werde / doch auch ohne der Partheyen Kosten und Nachtheil.

73. Von Oeffnung der Kund-schafft.

So dann solche Kundschafft verhört ist /
soll es mit Eröffnung derselben also
gehalten werden : nemlichen würte Kundschafft vor etlichen eines Peinlichen Gerichts Personen / die dieser Sachen verständig / gehört / so soll der Richter / zu Eröffnung derselben Kundschafft / Tag ansetzen /
und schrifftliche Ein- und Schutz-Rede
zulassen / auf Form und Maß / wie hernach
folget.

Wo aber auß Mangel verständiger
Personen deß Peinl. Gerichts durch
Commissarien ausserhalb deß Gerichts / wie
oben davon geschrieben stehet / Kundschafft
verhöre würde / oder die Schöffen desselben
Peinlichen Gerichts nicht beyeinander gesessen wären / also / daß auf ihr Zusammen-
bringen übriger Unkosten und Verzug ge-

hen würde. Dieweil dann ihre Versamm-
lung zu einer jeden solchen Handlung nicht
fürträglich noch vonnöthen ist / und deßhalben Unkost und Verzug deß Rechten ver-
hüet werde / ordnen und wollen wir / daß
in diesem Fall die Commissarii und Kundschafft-Verhörer / deßhalben nachfolgender massen handlen sollen.

Anfänglich sollen die gemeldte Commissarii und Kundschafft-Verhörer / den
Partheyen / zu Oeffnung der Kundschafft /
Tag ansetzen / und auf solchen bestimmten
Tag beyden Theilen Abschrifft / auf leidliche
Belohnung davon geben / und eine zimliche
Zeit / die sie nach Gelegenheit der Sach für
noth ansehen und erkennen / geben / damit
solches an die Sachwalter / und sonderlich
an den Gefangenen gebracht / und sollen deß
Gefangenen Beyständen dißfals zu ihm gelassen werden / und was dann jeder Theil
zu- oder in solchen Kundschafften reden will /
das solle er vor gedachten Kundschafft-Verhörern / in Schrifften gewenfach / auf einen nahmhafften Tag / den ihm die Kundschafft-Verhörer deßhalben nach Gelegenheit der Sachen / in zimlicher Zeit ansetzen
sollen / fürbringen / und fürther die eine
Schrifft bey den Kundschafft-Verhörern
behalten / und die andere dem Widertheil be-
händiget werden / seine Gegenschrifft (ob
er will) darauß zu thun.

So aber die Parthey derhalben weiter
schreiben wollen / das alles soll in
Schrifften aeduplirt / und in Zeit / so die
Kundschafft-Verhöre darzu bestimmen / geschehen / und doch kein Theil einer Kundschafft halber / über zwey Schrifft zu thun /
(darinn sie alle ihre Behelff und Nothdurfft

D   fü-brin-

fürbringen und darmit beschliessen sollen/)
nicht zugelassen werden; es wäre dann
sach/ daß der Verhörer/ auß mercklichen/
trefflichen und bewögenden Ur-sachen/ be-
finden würde/ daß ers gar nicht umbgehen
köndte/ so soll er jeglichem Theil noch eine
Schrifft und nicht mehr/ auch in zimlicher
fürderlicher Zeit/ zulassen. So dann nun
also die Kundschafft verhört/ eröffnet/ und
von beyder Theilen/ ihr ein- und zu reden
eingebracht und beschlossen werden / soll der
Kundschafft-Verhörer oder Commissari-
us solches alles der Obrigkeit/ die ihne zu
solcher Verhörung verordnet/ zum fürder-
lichsten übersenden: welche Obrigkeit alsdann ihren Rathschlag dem Richter/ vor
dem solche Rechtfertigung hanget/ was in
solchen Sachen zu erkennen seyn soll/ zuschi-
cken.

74. Von Kundschafft deß Beklagten zu seiner Entschuldigung.

Item/ so ein Beklagter Kundschaffe
und Weisung führen wolt/ die ihn
von seiner verklagten Missethat entschuldigen solt/ so dann der Richter solche erbotte-
ne Weisung für dienstlich achtet/ so soll es
mit Vollführung derselben auch vorgemelter massen/ und darzu/ wie von solcher Außführung der Unschuld hernach in dem hundert und ein und fünfftzigsten Artickul anfahend: Item/ so jemand einer That bekandtlich ist/ etc. und in etlichen Artickuln darnach klärlicher mehr und weiter erfunden
würde/ gehalten werden.

75. Von Zehrung der Zeugen.

Item/ wer in Peinl. Sachen Kundschaffe führet/ der soll einem jeglichen

Zeugen/ von gemeinen Leuten und Fuß-
gängern für einen jeden Tag/ dieweil er in
solcher Zeugschafft ist/ acht Kreutzer/ oder
so viel werths/ nach eines jeden Land-Mün[tz]
Gelegenheit geben/ aber mit andern und
mehrern Personen soll es derhalb/ nach Erlaubnus der Kundschafft-Verhörern/ gehalten werden.

76. Kein Zeugen für recht zu vergleiten.

Item/ soll kein Parthey noch Zeug vor
den Richtern oder Commissarien vor
Peinlicher Rechtfertigung vergleitet werden; aber für Gewalt mögen die Parthey-
en und Zeugen für Gericht vergleitet werden.

77. Das Recht fürderlich er- geben zu lassen.

Item/ Unkosten zu vermeide/ setzen
und ordnen wir/ daß in allen Peinlichen Sachen dem Rechten schleuniglich
nachgegangen/ verholffen/ und gefährlich
nicht verzogen werde.

78. Von Benennung endli- chen Recht-Tags.

Item/ so der Kläger auf deß Beklagten eigen Bekennen/ oder eingebrachte und vollführte Kundschafft und Be-
schluß/ wie obstehet/ um einen endlichen
Recht-Tag bittet/ der soll ihm fürderlich
ernennet werden; wo aber der Ankläger um
den endlichen Recht-Tag nicht bitten wolt/
so soll derselbe endliche Recht-Tag auf deß
Beklagten Bitt auch ernennet werden.

79. Dem

79. Dem Beklagten den Recht-Tag zu verkünden.

Item/ dem/ so man auf Bitt deß Anklägers mit endlicher Peinl. Rechtfertigung straffen will/ soll das zuvor drey Tag angesagt werden/ damit er zu rechter Zeit seine Sünde bedencken/ beklagen und beichten möge/ und so er das Heilige Sacrament zu empfahen begehrt/ das soll man ihm ohne Weigerung zu reichen schuldig seyn; man soll auch nach solcher Beicht/ pfleglich solche Personen zu dem Verklagten in die Gefängnus verordnen/ die ihn zu guten seeligen Dingen vermahnen/ und ihme in dem Außführen und sonst nicht zu viel zu trincken geben/ dardurch seine Vernunfft gemindert werde.

80. Verkündung zum Gericht.

Item/ zum Gericht solle verkündiget werden/ wie an jedem Ort mit guter Gewonheit Herkommen ist.

81. Underredung der Urtheiler vor dem Recht-Tag.

Item/ es sollen auch Richter und Urtheiler vor dem Recht-Tag alles Einbringen hören lesen/ daß alles/ wie hernach in dem hundert und ein und achtzigsten Artickul angezeiget wird/ ordentlich beschrieben seyn/ und für Richter und Urtheiler gebracht werden; darauf sich Richter und Urtheiler mit einander underreden und beschliessen/ was sie zu recht sprechen wollen/ und wo sie zweiffelig seynd/ sollen sie weiter Raths pflegen bey den Rechtsverständigen/ und an Enden und Orten/ wie

zu Ende dieser Unserer Ordnung angezeiget/ und alsdann die beschlossene Urtheil zu dem andern Gerichts-Handel auch auffschreiben lassen/ nach der Form/ wie hernach in dem hundert und neuntzigsten Artickul anfahend: Item/ so nach laut dieser Unser- und deß Heiligen Reichs-Ordnung/ rc. erfunden würde/ damit solche Urtheil nachmals auf den endlichen Recht-Tag/ wie hernach von Oeffnung solcher Urtheil geschrieben stehet/ unzäumlich also geöffnet werden.

82. Von Besitzung und Beleutung deß endlichen Gerichts.

Item/ am Gerichts-Tag/ so die gewöhnliche Tages-Zeit erscheinet/ mag man das Peinl. Gericht mit der gewöhnlichen Glocken beleuten/ und sollen sich Richter und Urtheiler an die Gerichtsstate verfügen/ da man das Gericht nach guter Gewonheit pflegt zu besitzen/ und soll der Richter die Urtheiler heissen nidersitzen/ und er auch sitzen/ seinen Stab oder blosses Schwerdt/ nach Lands gebräuchigem Herkommen eines jeden Orts/ in den Händen haben/ und ehrsamlich sitzen bleiben/ biß zu Ende der Sachen.

83. Diese Unser- und deß Heiligen Reichs Ordnung gegenwärtig zu haben/ auch den Partheyen darinnen ihr Nothdurfft nicht zu verbergen.

Item/ in allen Peinlichen Gerichtlichen Händeln sollen Richter und Schöffen dieser Unserer Ordnung und Satzung tung gegenwärtig handlen / auch den Partheyen / so viel zu ihren Sachen noth ist / auf ihr Begehren / dieser Unserer Ordnung Unterrichtung geben / sich darnach wissen zu halten / also damit sie durch Unwissenheit derselbigen nicht verkürtzt oder gefährt werden : Man soll auch den Partheyen die Artickul / so sie auß dieser Unserer Ordnung nothdürfftig seynd / auf ihr Begehren / um ziemliche Belohnung / Abschrifft geben.

84. Von der Frage deß Richters / ob das Gericht recht besetzt seye?

Item / so das Gericht also gesessen ist / so mag der Richter jeden Schöffen besonders also fragen : N. ich frage dich / ob das endliche Gericht zu Peinl. Handlung wol besetzt seye? wo dann dasselbige Gerichte nicht unter sieben oder acht Schöffen besetzt ist / soll jeder Schöff also antworten : Herr Richter / das Peinliche endliche Gericht ist / nach laut Kayser Carls deß Fünfften und deß H. Reichs Ordnung / wol besetzt.

85. Wann der Beklagte öffentlich an den Stock / Pranger oder Halß-Eisen gestellt werden solle?

Item / so wider den Beklagten die Urtheil zu Peinlicher Straff endlich beschlossen würdet / wo dann Herkommens ist / den Ubelthäter / davor oder nach / am Marckt oder Platz / etliche Zeit offentlich an Stock / Pranger oder Halß-Eisen zu stellen / dieselbige Gewonheit soll auch gehalten werden.

86. Den Beklagten für Gericht zu führen.

Item / darnach soll der Richter befehlen / daß der Beklagte durch den Nachrichter und Gerichts-Knechte wol verwahret / für das Gericht gebracht werde.

87. Von Beschreyen deß Beklagten.

Item / mit dem Beschreyen der Ubelthäter soll es in selbigem Stück auf Gegenwärtigkeit und Begehr deß Anklägers / nach jeden Gerichts guter Gewonheit / gehalten werden ; wo aber der Beklagte unschuldig erfunden würde / also daß der Ankläger dem Rechten nicht nachkommen wolte / und nicht destoweniger der Beklagte Rechts begehrt / so wär solches Beschreyens nicht noth.

88 Von Fürsprechern.

Item / Klägern und Antwortern / soll jedem Theyl auf sein Begehren ein Fürsprech auß dem Gerichte erlaubt werten / dieselbige sollen bey ihrem Eyd die Gerechtigkeit und Warheit auch die Ordnung dieser unser Satzung fürdern / und durch keinerley Gefährlichkeit mit Wissen und Willen verhindern oder verkehren das soll ihnen also durch den Richter bey ihren Pflichten befohlen werden / doch daß derselbige Schöff / der also deß Anklägers Fürsprech geweßt / sich hinfürther schliessender Urtheil enthalt / und die andern Richter und Schöffen nichts destominder vollfahren sollen : Doch soll in der Kläger und Antworter Willen stehen / ihren Redner auß den Schöffen / oder sonst zu nemmen / oder ihn

ihm selbst zu reden / welcher aber einen Redner ausserhalb der geschwornen Gerichts
Schöffen nimbt / derselbige Redner soll zuvor dem Richter schwören / sich mit solchem
seinen Reden zuhalten / wie oben in diesem
Artickul / der Fürsprecher halben / so auff
den Schöffen genommen werden / gesetzt
ist.

Item / in dem nechst nachgesetzten Articul der Klag / soll der Fürsprech / wo
erstlich ein A. steht des Klägers Namen /
und bey dem B. deß Beklagten Namen
melden / fürther bey dem C. soll er die Ubelthat / als Mord / Rauberey / Dieberey /
Brand oder andere / wie jede That Namen
hat / auf das kürtzeste anzeigen ; und ist
nemlichen zu mercken / so die Klag von
Ampts wegen geschehen / daß allwegen in
einer jeden solchen Klag / zusamt dem Namen deß Antlägers / soll also gesetzt werden :
Klag von der Obrigkeit und Ampts wegen.

89. Bitt deß Fürsprechen / der von Ampts wegen oder son-sten klagt.

Err / der Richter A. der Antläger /
klaget zu dem B. dem Ubelthäter / so
gegenwärtig vor Gericht stehet / der Missethat halber / so er mit C. verübet / wie solche
Klag vormals vor euch fürbracht ist / und
bittet / daß ihr derselbigen Klag halber / alle
eingebrachte Handlung und Auffschreiben /
wie das alles nach löblicher / rechtmässiger
Kayser Carls deß Fünfften und deß Heiligen Reichs Peinlichen Gerichts-Ordnung
vormals gnugsamlich geschehen / fleissig
ermessen wöllet / und daß darauf der Beklagte und die überwundene Ubelthat / mit
endlicher Urtheil und Recht Peinlich ge-
straffe werde / wie sich nach Ordnung gemeldter Gerichte gebührt und rechtist.

Item / wo der Fürsprech die obgemeldte
Klag und Bitt mündlich nicht reden
könde / so mag er die schrifftlich in das Gericht legen / und also sagen : Herr Richter /
ich bitte euch / ihr woller euch euren Schreiber deß Antlägers Klag und Bitt / auß der
eingelegten Zettel offentlich verlesen lassen.

90. Was / und wie der Be-klagte durch seinen Fürsprechen bitten lassen mag?

Item / wo dann der Beklagte der Missethat zuvor bekandtlich gewest / oder
deß gnugsam überwiesen worden wär / wie
vor von gnugsamer Beweisung und solchem beständigem Bekennen klärlich gesetzt
ist / so mag er nichts anders / dann um Gna-
de bitten oder bitten lassen ; hätte er aber
die Missethat also nicht bekennet / oder wo
er die angezogene That bekandt / und derohalben solche Ursachen fürgebracht hätte / dardurch er verhoffet von Peinlicher Straff
entschüldiget zu werden / so mag er durch
seinen Fürsprechen bitten lassen / wie hernach
folget.

Item wo im nechsten nachfolgenden Articul ein B. stehet / soll der Beklagte
bey dem A. der Kläger / und bey dem C. die
beklagte Ubelthat / kurtz gemeldt und ver-
standen werden.

Err Richter / B. der Beklagte ant-
wortet zu der beklagten Missethat / so
durch A. als Kläger / wider ihne geschehen
ist / die er mit C. geübt haben soll / in aller
massen wie er vormals geantwortet hat / und
genug

D 3

...fürbracht ist/ und bittet/ daß ihr derselben beschehenen Klag und Antwort halber/ alle Handlung und Aufschreiben/ wie das alles nach löblicher rechtmässiger Kayser Carls deß Fünfften und deß Heiligen Reichs Peinlichen Gerichts-Ordnung vormals gnädiglich für uns eingebracht/ fleissig wolle erwägen/ und daß er auf seine erfundene Unschuld mit endlicher Urtheil und Recht/ samt Erstattung deß aufgegangenen Gerichts-Kosten und Schäden ledig erkennt werde/ und der Anklägerstraff und Abtrag halber/ nach laut dieser Peinlichen Kayserlichen Gerichts-Ordnung/ zu endlichem Auftrag vor dem Gericht/ als ob angezeigt/ verpflicht werde.

Item/ wo der erlangte Fürsprech diese vorgemeldte Antwort und Bitt mündlich nicht reden könnt/ mag er die schrifftlich für den Richter legen/ und diese Meynung sagen: Herr Richter/ ich bitte euch/ laßt deß Beklagten Antwort und Bitt/ auß dieser eingelegten Zettul/ euren Schreiber offentlich verlesen. Auf solche Bitt solle der Richter dem Gerichtschreiber befehlen/ die gemeldte eingelegte Zettul zu verlesen.

91. Von Verneinung der Missethat/ die vormals bekandt worden ist.

Item/ würde der Beklagte auf dem endlichen Recht-Tag die Missethat läugnen/ die er doch vormals ordentlicher beständiger Weiß bekandt/ der Richter auch auß solchem Bekandtnuß in Erfahrung allerhand Umstände so viel befunden hätte/ daß solch Läugnen von dem Beklagten allein zu Verhinderung deß Rechten wird fürgenommen/ wie hievor im sechs und fünffzig-sten Artickul/ und in etlichen Articuln hernach biß auf den zwey und sechzigsten Artickul/ von beständiger Bekandtnuß erfunden wird/ so soll der Richter die zwey geordnete Schöffen/ so mit ihm solche verlesene Urgicht und Bekandtnuß gehört haben/ auf ihr Eyde fragen/ ob sie die verlesene Urgicht gehört haben? und so sie ja darzu sagen/ so soll der Richter in allweg bey den Rechtverständigen oder sonsten an Orten und Enden als hernachmals angezeigt/ Raths pflegen/ und nach dem solche zween Schöffen in diesem Fall nicht als Zeugen/ sondern als mit Richter handlen/ sollen sie derhalb vom Gericht oder der Urtheil nicht außgeschlossen werden.

92. Wie der Richter und Schöffen oder Urtheiler nach beeder Theyl/ und allem Fürbringen/ auch endlichem Beschluß die Urtheil fassen/ und wie auch nachmals die Schöffen oder Urtheyler durch den Richter gefragt werden sollen.

Item/ nach beeder Theil und allem Fürtragen/ auch endlichem Beschluß der Sachen/ sollen der Richter/ Schöffen und Urtheiler alle Gerichtliche Fürträg und Handlung für sich nehmen/ mit Fleiß besichtigen und erwägen/ und darauf nach ihrem besten Verständnuß dieser Unserer Peinlicher Gerichts-Ordnung/ nach Gelegenheit eines jeglichen Falls/ am allergleichesten und gemässigsten Urtheil in Schrifft fassen lassen/ und so die Urtheil also verfasset/ soll darauff der Richter fragen: N. ich frage dich deß Rechtens?

Darauf

93. Darauf sollen die Schöffen und Urtheilsprecher ungefährlich also antworten:

HErr Richter/ ich sprich/ es geschicht bölllich auf alles Gerichtliche Einbringen und Handlung / was nach deß Gerichts-Ordnung recht/ und auf gnügsame alles Fürtrags Besichtigung in Schrifften zu Urtheil verfasset ist.

94. Wie der Richter die Urtheil öffnen soll ?

JTem/ auf obbemeldtem Beschluß der Schöffen und Urtheyler soll der Richter die endliche Urtheil/ so also in Schrifften verfasset ist / durch den geschwornen Gerichtschreiber/ in Beysein beeer Partheyen öffentlich verlesen lassen/ und wo Peinliche Straff erkandt würde/ so soll ordenlich gemelt werden/ wie und welcher massen die an Leib oder Leben geschehen soll ; wie dann Peinlicher Straff halber hernach im hundert und vierdten Artickul/ und etlichen Blättern darnach gefunden und angezeiget wird; und wie der Schreiber solche Urtheil/ die sich obgemelter massen zu öffnen und zu lesen gebühret/ formen und beschreiben soll wird hernach im hundert und neunzigsten Artickul gefunden ?

JTem/ die vorgesetzte Reden/ so vor Gericht beschehen sollen/ lauten als auf einen Kläger und auf einen Antworter; aber es ist nemlichen zu mercken/ wo mehr dann ein Kläger oder Antworter im Rechten stünden/ daß alsdann dieselbige Wörter/ wie sich von mehr Personen zu reden geziemt/ gebraucht werden sollen.

95. Wann der Richter seinen Stab zerbrechen mag.

JTem/ wann der Beklagte endlich zu Peinlicher Straff geurthellet würdet/ soll der Richter an den Orten/ da es Gewonheit/ seinen Stab zerbrechen/ und den Armen dem Nachrichter befehlen/ und bey seinem Eyde gebieten/ die gegebene Urtheil getreulich zu vollziehen/ damit vom Gericht auffstehen und darob halten/ damit der Nachrichter die gesprochene Urtheil mit guter Gewarsam und Sicherheit vollziehen möge.

96. Deß Nachrichters Fried außzuruffen.

JTem/ so der Richter nach der Endurtheil sein Stab gebrochen hat/ deßgleichen auch so der Nachrichter den Armen auf die Richtstatt bringet/ soll der Richter öffentlich auffruffen oder verkünden lassen/ und von der Obrigkeit wegen bey Leib und Gut gebieten/ dem Nachrichter keinerley Verhinderung zu thun/ auch ob ihm mißlinge/ nicht Hand anzulegen ?

97. Frag und Antwort nach Vollziehung der Urtheil.

JTem/ wann dann der Nachrichter fraget/ ob er recht gericht habe? so soll derselbige Richter ungefährlich auf diese Meynung antworten: So du gerichtet hast/ wie Urtheil und Recht geben/ so laß ich es darbey verbleiben.

98. So der Beklagte mit Recht ledig erkandt wird.

JTem/ wurde aber der Beklagte mit Urtheil und Recht ledig erkandt/ wie
was

was Maß das geschehe/ und die Urtheil anzeigen würde/ dem soll/ wie sich gebührt/ auch gefolget und nachgegangen werden; aber deß Abtrags halber/ so der ledig erkant/ als Kläger begehren würde/ sollen die Theil alsdann zu endlichem Bürgerlichem Recht für das Gericht/ wie hiebevor davon angezeiget und gemeldet ist/ gehalten werden.

100. Von unnothdürfftigen/ unnützen/ gefährlichen Fragen/ so vor Gericht beschehen.

Item/ nach dem auch an Uns gelanget ist/ daß bisher an etlichen Peinlichen Gerichten/ viel überflüssiger Frag und Anbringung gebraucht/ die zu keiner Erfahrung der Warheit oder Gerechtigkeit noth seyn/ sondern allein das Recht verlängern und verhindern/ solche und andere unziemliche Mißbräuch/ so das Recht ohne Noth verziehen oder verhindern/ oder die Leut zu führen/ wollen wir auch hiemit aufschieben und abgethan haben; und wo an die Obrigkeit gelanget/ daß darwider gehandelt wird/ soll sie das ernstlich abschaffen und straffen/ so offt das zu schulden kommt.

101. Von Leib-Straffen/ die nicht zum Tod oder zu ewiger Gefängnuß gesprochen werden/ und von Ampts wegen beschehen.

Item/ wie Straff an Leib oder Gliedern/ die nicht zum Tod oder ewiger Gefängnus seyn/ und offentlicher That halber von Ampts wegen geschehen/ durch den Richter erkannt mögen werden/ davon wird die Form deß Urtheils hernach in dem hundert und sechs und neunzigsten Artickul ge-funden/ anfahend: Item/ so eine Person/ etc.

102. Vom Beichten und Vermahnen nach der Verurtheilung.

Item/ nach der Verurtheilung deß Armen zum Tod/ soll man ihn anderwerths beichten lassen/ auch zum wenigsten einen Priester oder zwey am Außführen oder Außschleiffen bey ihm seyn/ die ihn zu der Lieb Gottes/ rechtem Glauben und Vertrauen zu Gott/ und dem Verdienst Christi unsers Seligmachers/ auch zu Bereuung seiner Sünden vermahnen; man mag ihm auch in dem Führen für Gerichte und Außführen zum Tod stetigs ein Crucifix fürtragen.

103. Daß die Beichtvätter die Armen bekandter Warheit zu laugnen nicht weisen sollen.

Item/ die Beichtvätter der Ubelthäter/ sollen sie nicht weisen/ was sie mit der Warheit/ auf sich selbs oder andere Personen bekennt haben/ wieder zu laugnen/ wann niemand geziemt den Ubelthätern ihre Bosheit wider gemeinen Nutz und frommen Leuten zu Nachtheil/ mit Unwarheit bedecken/ und weiteres Ubel stärcken zu helffen/ wie am ein und dreissigsten Artickul anfahend: Item/ so ein überwunden er Missethäter etc. Meldung beschicht.

104. Eine Vorrede/ wie man Missethat Peinlich straffen soll.

Item/

Jtem/ so jemand unsern gemeinen ge-
schri:benen Rechten nach/ durch eine
Verhandlung das Leben verwürckt
hätte/ soll man nach guter Gewonheit/ oder
nach Ordnung eines guten Rechtverständigen Richters/ so Gelegenheit und Aergernus der Ubelthat ermessen kan/ die Form
und Weiß derselbigen Tödtung halten und
urtheilen. Aber in Fällen darum (oder
derselben gleichen) Unser Kayserlich Recht
nichr setzen oder zulassen/ jemand zum Tod
straffen/ haben wir in dieser Unserer und diß
Reichs Ordnung auch keinerley Todstraff
gesetzet/ aber in etlichen Missethaten/ lassen
die Recht Peinliche Straff am Leib oder
Gliedern zu/ damit dennoch die Gestraff-
ten bey dem Leben bleiben; dieselbe Straff
mag man auch erkennen und gebrauchen/
raty guter Gewonheit eines jeden Lands/
oder aber nach Ermessung eines jeden guten
verständigen Richters/ als eben von toden
geschrieben steht. Wann Unser Kayserlich
Recht/ etlich Peinliche Straff setzen/ die
nach Gelegenheit dieser Zeit und Land unbe-
quem/ und eines theils nach dem Buchsta-
ben nicht wol möglich zu gebrauchen wären/
darzu auch dieselbige Recht die Form und
Maß einer jeglichen Peinlichen Straff nit
anzeigen/ sondern auch guter Gewonheit
oder Erkandnus verständiger Richter be-
fehlen/ und in derselben Willkühr setzen/ die
Straff/ nach Gelegenheit und Aergernus
der Ubelthat/ auß Liebe der Gerechtigkeit/
und um gemeinen Nutzens willen zu ordnen und zu machen. Aber sonderlich ist zu
mercken/ in was Sachen (oder derselben
gleichen) Unser Kayserlich Recht keinerley Peinlicher Straff am Leben/Ehren/Leib
oder Gliedern setzen oder verhängen/ daß
Richter und Urtheiler darwider auch nie-

man zum Tod oder sonst Peinlich straffen.
Und damit Richter und Urtheiler/ die solcher Rechten nicht gelehrt seyn/ mit Erkandnus solcher Straff desto weniger wider die gemeine Rechten/ oder gute zuläs-
sige Gewonheiten handlen/ so wird hernach
von etlichen Peinlichen Straffen/ wann
und wie die gedachten Recht guter Gewonheit und Vernunfft nach/ geschehen sollen/
gesetzt.

105. Von unbenandten Pein-
lichen Fällen oder Straf-
fen.

Jtem/ ferner ist zu vermercken/ in was
Peinlichen Fällen oder Verklagungen
die Peinl die Straff in diesen nachfolgenden Articuln nicht gesetzt oder genugsam
erklärt oder verständig wäre/ sollen Richter
und Urtheiler/ so es zu schreiben komme)
Raths pflegen/ wie in solchen zufälligen o-
der unverständlichen Fällen/ unsern Kayserlichen Rechten/ und in dieser Unserer
Ordnung am gemässigsten gehandelt und
geurtheilet werden soll/ und alsdann ihre
Erkandnus darnach thun/ wann nicht alle zufällige Erkandnus und Straff in dieser Unserer Ordnung genugsam mögen be-
dacht und beschrieben werden.

106. Wie Gottsschwörer o-
der Gotteslästerung gestrafft
werden sollen.

Jtem/ so einer Gott zumisset/ das Gott
nicht bequem ist/oder mit seinen Worten Gott/ das ihm zustehet/ abschneidet/ der
Allmächtigkeit Gottes/ seine Heilige Mutter die Jungfrau Maria schändet/ sollen
durch die Amptleut oder Richter von Ampts
E wegen

wegen angenommen/ eingelegt/ und darum
an Leib/ Leben oder Gliedern/ nach Gelegenheit und Gestalt der Person und Lästerung gestrafft werden. Doch so ein solcher Lästerer angenommen und eingelegt ist/
das soll an die Obrigkeit mit nothdürfftiger
Unterrichtung aller Umbstände gelangen/ die
darauf Richtern und Urtheilern Bescheid
geben/ wie solche Lästerung den gemeinen
unsern Kayserlichen Rechten gemäß/ und
sonderlich/ nach Inhalt besonderer Articuln
Unserer Reichs-Ordnung gestrafft werden
sollen.

107. Straff der jenigen/ so ei-
nen gelehrten Eyd vor Richter und
Gericht meineydig schwö-
ren.

Item/ welcher vor Richter oder Gericht einen gelehrten Meineyd schwö-
ret/ so derselbige Eyd zeitlich Gut anbe-
trifft/ das in deß/ der also fälschlich schwö-
ret/ Nutz kommen/ der ist zuforderst schul-
dig/ wo er das vermag/ solch fälschlich abge-
schworne Gut dem Verlegten wieder zukeh-
ren/ soll auch darzu verleumbt und aller Ehren entsetzt seyn. Und nach dem im Heiligen Reich ein gemeiner Gebrauch ist/ solchen Falsch-Schwörern die zween Finger/
damit sie geschworen haben/ abzuhauen/
dieselbe gemeine gewohnliche Leib-Straff
wollen wir auch nicht ändern: Wo aber
einer durch seinen falschen Eyd jemand zu
Peinlicher Straff schwüre/ derselbige soll
mit der Pön/ die er fälschlich auf einen andern schwüre/ gestrafft werden. Wer solche Falsch-Schwörer mit Wissen/ fürsetzlich und arglistiglich darzu anrichtet/ der
leidet gleich Pön.

108. Straff derer/ so ge-
schworne Urphede brechen.

Item/ bricht einer eine geschworne
Urphede mit Sachen und Thaten/
darum er unser Kayserlichem Recht
und dieser Unserer Ordnung nach/ zum
Tod ohn das möcht gestrafft werden/ derselben Todstraff soll Folg geschehen. So a-
ber eine Urphede mit Sachen/ darum er
das Leben nicht verwürckt hat/ fürsetzlich
und frevenlich verbrächt/ der soll als ein
Meineydiger mit Abhauung der Hand o-
der Finger und andern/ wie im nächst obgemeldten Articul berührt/ gestrafft werden; wo man sich aber welcherer Missethat
vor ihm besorgen müßt/ soll es mit ihm gehalten werd.n/als im hundert und sechs und
siebentzigsten Articul hernach davon geschrieben steht/ ansahend : Item/ so einer
eine Urphede frevenlich und fürsetzlich verbrochen.

109 Straff der Zaube-
rey.

Item/ so jemand den Leuten durch Zauberey Schaden oder Nachtheil zufüget/
soll man straffen vom Leben zum Tod/ und
man soll solche Straff mit dem Feuer thun :
Wo aber jemand Zauberey gebraucht/ und
damit niemand Schaden gethan hätte/ soll
sonst gestrafft werden/ nach Gelegenheit der
Sach/ darinnen die Urtheiler Raths gebrauchen sollen/ wie vom Rath suchen hernach geschrieben stehet.

110. Straff schrifftlicher un-
rechtlicher Peinlicher
Schmähung.

Item/welcher jemand durch Schmach-Schrifft/ zu Latein Libell Famos, enannd/ die er außbreitet/ und sich nach Ordnung der Recht mit seinem rechten Tauff- und Zunamen nicht unterschreibt/ unrechtlicher/ unschuldiger Weiß Laster und Übel zumiß/ wo die mit Warheit erfunden würden/ daß der Geschmächte an seinem Leib/ Leben oder Ehren Peinlich gestrafft werden möchte/ derselbig boßhafftige Läfterer soll nach Erfindung solcher Übelthat/ als die Recht sagen/ mit der Pön/ in welche er den unschuldigen Geschmächten durch seine böse/ unwarhafftige Läster-Schrifft hat bringen wollen/ gestrafft werden; und ob sich auch gleichwol die aufgelegte Schmach der zugemessenen That in der Warheit erfinde/ soll dannoch der Außruffer solcher Schmach nach vermög der Recht und Ermessung deß Richters gestrafft werden.

111. Straff der Müntz-Fälscher/ und auch derer/ die ohne habende Freyheit müntzen.

Item/ In dreyerley Weiß wird die Müntz gefälscht: Erstlich/ wann einer betrüglicher Weiß eines andern Zeichen darauf schlägt: Zum andern/ wann einer unrecht Metall darzu setzt: Zum dritten/ so einer der Müntz ihre rechte Schwere gefährlich benimbt; solche Müntzfälscher sollen nachfolgender massen gestrafft werden: Nemlich/ welche falsche Müntze machen/ zeichen/ oder dieselbige falsche Müntz auf wechslet/ oder sonst zu sich bringet/ und wiederumb gefährlich und boßhafftiglich dem Nächsten zu Nachtheil wissentlich außgeibt/ die sollen nach Gewonheit auch Setzung der

Recht / mit dem Feuer vom Leben zum Tod gestrafft werden; die ihre Häuser darzu wissentlich leihen/ dieselbige Häuser sollen sie damit verwürckt haben. Welcher aber der Müntz ihre rechte Schwere gefährlicher Weiß benimbt/ oder auch ohne habende Freyheit müntzet/ der solle gefänglich eingelegt/ und nach Rath an Leib oder Gut nach Gestalt der Sachen gestrafft werden: Wo aber irgend einer eines andern Müntz umprägt/ oder wiederumb in Tiegel brächt und geringe Müntz darauß machet/ der soll am Leib oder Gut/ nach Gestalt der Sachen/ gestrafft werden; So aber solches mit der Herrschafft Willen und Wissen geschehe/ so soll dieselbige Herrschafft seine Müntz-Freyheit verwürckt und verlohren haben.

112. Straff der jenigen / so falsche Siegel/ Brieff/ Urbar/ Renth/ oder Zinß-Bücher oder Register machen.

Item/welche falsche Sigel/Brieff/Instrument/ Urbar/ Renth oder Zinß-Bücher/ oder Register machen/ die sollen an Leib oder Leben/ nach dem die Fälschung viel oder wenig/ boßhafftig und schädlich geschicht/ nach Rath der Rechtverständigen/ oder sonst/ als zu Ende dieser Ordnung vermeldet/ Peinlich gestrafft werden.

113. Straff der Fälscher/ mit Maß/ Waag und Kauffmannschafft.

Item/ welcher böslicher und gefährlicher Weiß/ Maß/ Waag/ Gewicht/ Specerey oder andere Kauffmannschafft fälschet/ und die für gerecht gebraucht und

aufgibt/ der soll zu Peinlicher Straff ange-
nommen/ ihme das Land verbotten/ oder an
seinem Leib/ als mit Ruthen anßhauen o-
der dergleichen/ nach Gelegenheit und Gestalt der Uberfahrung/ gestrafft werden;
und es möchte solcher Falsch als offt größ-
lich und boßhafftig geschehen/ daß der Thäter zum Tod gestrafft werden/ alles nach
Rath/wie zu Ende dieser Unserer Ordnung
vermeldet.

114 Von Straff der jenigen/ die fälschlich und betrüglich Under- marckung/ Reynung/ Mal/ oder Marckstein ver- rucken.

Item/ welcher bößlicher und gefährlit-
cher Weiß/ eine Undermarckung/
Reynung/ Mal oder Marckstein verruckt/
abhauet/ abthut oder verändert/ der soll darum Peinlich am Leib/ nach Gescährlicheit
groß Gestalt und Gelegenheit der Sachen
und der Person nach Rath gestrafft werden.

115. Straff der Procurator/ so ihren Partheyen zu Nachtheil gefährlicher fürsetzlicher Weiß den Widertheilen zu gut handlen.

Item / so ein Procurator fürsetzlicher/
gefährlicher Weiß seiner Parthen/ in
Burgerlichen oder Peinlichen Sachen zu
Nachtheil/und dem Widertheil zu gut han-
delte / und solcher Ubelthat überwunden
würde/ der soll zuforderst seinem Theil/
nach allem Vermögen/ seinen Schaden/ so
er solcher Sachen halber entpfache/ widerle-
gen/und darzu an Pranger oder Halseisen
gestellt/ mit Ruthen außgehauen/ deß Lan-

des verbotten/ oder sonst nach Gelegenheit
der Mißhandlung in andere Weg gestrafft
werden.

116. Straff der Unkeuschheit/ so wider die Natur be- schicht.

Item/ so ein Mensch mit einem Viehe/
Mann mit Mann/ Weib mit Weib/
Unzucht treiben/ die haben auch das Leben
verwürckt/ und man solle sie/ der gemeinen
Gewonheit nach/ mit dem Feuer vom Leben
zum Tod richten.

117. Straff der Unkeuschheit mit nahen gesipten Freunden.

Item/ so einer Unkeusch mit seiner Stieff-
Tochter/ mit seines Sohns Ehweib/
oder mit seiner Stieffmutter treibt/ in solchen und noch nähern Sipschafften soll die
Straff/ wie davon in unserer Vorfohrern
und Uisern Kayserl. geschriebenem Rechten
gesetzt/ gebraucht/ und derhalben bey den
Rechtverständigen Raths gepflogen werden.

118. Straff der jenigen / so Eheweiber oder Jungfrauen entführen.

Item/ so einer jemand sein Ehweib oder
eine unverleumbdte Jungfrau/ wider
deß Ehmanns oder deß Etlichen Vatters
Willen/ einer unehrlichen Weiß entführet/
darum mag der Ehmann oder Vatter/ un-
angesehen/ ob die Ehfrau oder Jungfrau
ihren Willen darzu gibt/ Peinlich klagen/
und soll der Thäter/ nach Satzung unserer
Vorfahren/und unstern Kayserlichen Rechten

rn darum gestrafft/ und derhalben bey den
Rechtverständigen Rathe gebraucht werden.

119. Straff der Nothzucht.

Item/ so jemand einer unverleumbd-
ten Ehfrauen/ Wittwen oder Jung-
frauen/ mit Gewalt und wider ihren
Willen/ ihr Jungfräulich oder Fräuliche
Ehr neme/ derselbige Ubelthäter hat das Leben verwürckt/ und soll auf Beklagung der
Benöthigten in Außführung der Misse-
that/ einem Rauber gleich mit dem
Schwerdt vom Leben zum Tod gerichtet
werden. So sich aber einer solchen obgemeldten Mißhandels frevenlicher und ge-
waltiger Weiß/ gegen einer unverleumbd-
ten Frauen oder Jungfrauen unterstünde/
/ und sich die Frau oder Jungfrau sein er-
warte/ oder von solcher Beschwernus sonst
erröcht würd/ derselbige Ubelthäter soll auf
Beklagung der Benöthigten/ in Außführung der Mißhandlung/ nach Gelegenheit
und Gestalt der Personen und unterstande-
ner Missethat gestrafft werden/ und sollen
darinnen Richter und Urtheiler Raths ge-
brauchen/ wie vor in andern Fällen mehr
gesetzt ist.

120. Straff deß Ehe-bruchs.

Item/ so ein Ehmann einen andern um
doch Ehbruchs willen/ den er mit seinem
Ehweib verbracht hat/ Peinlich beklagt und
deß überwunden/ derselbige Ehbrecher samt
der Ehbrecherin sollen nach Sage unserer
Vorfahren/und Unserer Kayserlichen Rechten gestrafft werden.

Item daß es auch gleicher Weiß in dem
Fall/ so ein Ehweib ihren Mann/ oder
die Person/ damit der Ehbruch vollbracht
hätt/ beklagen will/ gehalten werden soll.

121. Straff deß Ubels/ das in Gestalt zweyfacher Ehe geschicht.

Item/ so ein Ehmann ein ander Weib/
oder ein Ehweib einen andern Mann/
in Gestalt der heiligen Ehe bey Leben deß
ersten Ehgesellen nimbt/ welche Ubelthat
dann auch ein Ehbruch und grösser dann das
selbige Laster ist/ und wiewol die Kayser-
liche Recht/ auf solch Ubelthat kein Straff
am Leben setzen/ so wollen wir doch/ welcher
solch Lasters betrüglicher Weiß/ mit Wissen und Willen Ursach gibt und vollbringt/
daß die nicht weniger/ dann die Ehbrüch-
gen/ Peinlich gestrafft werden sollen.

122. Straff derjenigen/ so ihre Ehweiber oder Kinder durch böses Genieß willen/ williglich zu unkeuschen Wercken ver-kauffen.

Item/ so jemand sein Ehweib oder Kin-
der/ um einigerley Genieß willen/ wie
der Namen hätte/ williglich zu unehrlichen
unkeuschen und schändlichen Wercken gebrauchen läßt/ der ist ehrloß/ und solle nach
vermög gemeiner Rechten gestrafft werden.

12. Straff der Verkupplung und helffen zum Ehe-bruch.

Nachdem zum dickermal die unverständige Weibsbilder/ und zuvor die unschuldige Mägdlein/ die sonst unverleumbdte ehrliche Personen seynd/ durch etliche böse Menschen/ Mann und Weiber/ böser/ betrüglicher Weiß/ damit ihnen ihr Jungfräulich oder Fräuliche Ehr entnommen/ zu sündlichen fleischlichen wercken gezogen werden/ dieselbige Kuppler und Kupplerin/ auch die jenige/ so wissenlicher/ geführlicher und boßhafftiger weiß ihre Häuser darzu leihen/ oder solches in ihren Häusern zu beschehen gestatten/ sollen nach Gelegenheit der Verhandlung und Rath der Rechtverständigen/ es seye mit Verweisung deß Lands/ Stellung an Pranger/ Abschneidung der Ohren/ oder Außhauung mit Ruthen/ oder anderm gestrafft werden.

124. Straff der Verrätherey.

Item/ welcher mit boßhafftiger Verrätherey mißhandelt/ soll der Gewonheit nach/ durch Viertheilung zum Tod gestrafft werden; wäre es aber ein Weibsbild/ die solt man erträncken/ und wo solche Verrätherey grossen Schaden oder Aergernuß bringen möcht/ als so die ein Land/ Stadt/ seinen eignen Herren/ Bettgenossen/ oder nahe gesippte Freund betreffe/ so mag die Straff durch Schleiffen oder Zangenreissen gemehrt/ und also zu tödtlicher Straff geführt werden: Es möchte auch die Verrätherey also gestaltet seyn/ man möchte einen solchen Missethäter erstlich köpffen/ und darnach viertheillen/ daß Richter und Urtheiler nach Gelegenheit der That ermessen und erkennen/ und wo sie zweiff-

len/ Rath suchen sollen; aber die jenige/ durch welche Verkundschafftung Richter oder Obrigkeit die Ubelthäter zu gebührender Straff bringen möchten/ das mag ohne Verwirckung einiger Straff geschehen.

125. Straff der Brenner.

Item/ die boßhafftig überwunden Brenner sollen mit dem Fewer vom Leben zum Tod gerichtet werden.

126. Straff der Rauber.

Item/ ein jeder boßhafftig überwunden er Rauber/ soll nach vermög unserer Vorfahren/ und unserer gemeiner Kayserlichen Rechten/ mit dem Schwerdt/ oder wie an jedem Ort in diesen Fällen mit guter Gewonheit Herkommen ist/ doch am Leben gestrafft werden.

127. Straff der jenigen/ so Aufruhr deß Volcks machen.

Item/ so einer in einem Land/ Stadt Obrigkeit oder Gebiet/ gefährliche/ fürsetzliche und boßhafftige Aufrühren deß gemeinen Volcks wider die Obrigkeit macht/ und das also auf ihn erfunden würde/ der soll nach Groß und Gelegenheit seiner Mißhandlung je zu Zeiten mit Abschlagung seines Haupts gestrafft/ oder mit Ruthen gestrichen/ und auß dem Land/ Gegend/ Gerichs/ Statt/ Flecken oder Gebiet/ darinnen er die Aufrührer erweckt/ verwisen werden/ darinnen Richter und Urtheiler gebührlichen Raths/ damit niemands Unrecht

recht geschehe/ und solch bößlich Empörung
verhüt/ pflegen sollen.

128. Straff der jenigen/ so bößlich außtretten.

JTem/ nachdem sich vielfältig begibt/
daß muthwillige Personen die Leute
wider Recht und Billichkeit betröhen/ entweichen und außtretten/ und sich an End
und zu solchen Leuten thun/ da muthwillige
Beschädiger Enthalt/ Hilff/ Fürschub und
Beystand finden/ von denen die Leut je zu
Zeiten wider Recht und Billichkeit merck-
lich beschädiget werden/ auch Farhe und
Beschädigung von demselben leichtfertigen
Personen warten müssen/ die auch mehr-
mahls die Leut/ durch solche Drote und
und Forche wider Recht und Billichkeit
tringen/ und an Gleich und Recht sich nit
lassen begnügen/ derhalben solche für rechte
Landzwinger gehalten werden sollen. Hier-
umb/ wo dieselben an verdächtliche End/
als obstehet/ außtretten/ die Leute bey statt-
lichem Rechten und Billichkeit nicht bleiben lassen/ sondern mit bemeldtem Außtre-
ten/ von dem Rechten und Billichkeit zu
bedrohen oder schröcken understehen/ diesel-
bige/ wo sie ins Gefängnus kämen/ mit
dem Schwerdt/ als Landzwinger/ vom Leben zum Tod gestrafft werden/ unangese-
hen/ ob sie sonst nicht anderst mit der That
gehandlet hätten. Deßgleichen soll es auch

gehalten werden gegen den jenigen/ die sich
sonst durch etliche Werck mit der That zu
handlen understehen: Wo aber jemand
auß Forche eines Gewalts/ und nicht der
Meynung gemeynt/ vom Rechten zu drin-
gen/ an unverdächtlich Ende entwich/ der
hat dardurch diese vorgemeldte Straff nicht
verwürckt/ und ob darinn einigerley Zweifel einfiel/ soll um weitere Underrichtung an
die Rechtverständigen oder sonst/ wie hernach gemeldet wird/ gelangen.

129. Straff der jenigen/ so die Leute bößlich be-phöden.

JTem/ welcher jemand wider Recht und
Billigkeit muthwilliglich bephöder/ den
richtet man mit dem Schwerdt vom Leben
zum Tod; doch/ ob einer seiner Phöde hal-
ber/ von uns oder unsern Nachkommen am
Reich Römischen Kaysern oder Königen
Erlaubnus hätt/ oder der/ den er also bephö-
det/ sein/ seiner Gesipten/ Freundschafft o-
der Herrschafft/ oder der ihren Feind wär/
oder sonst zu solcher Phöde rechtmässig ge-
drungen Ursach hätt/ so soll er auf kein Außführung derselben guten Ursachen/ Peinli-
lich nicht gestrafft werden. In solchen Fällen und Zweiffeln soll bey den Rechtverständigen und an Enden und Orten/ wie
zu End dieser unserer Ordnung angezeiget/
Raths gebraucht werden.

Hernach folgen etliche böse Tödtungen/ und von Straff derselbigen Thäter.

130 **Erstlich von Straff de-**
rer/die mit Gifft oder Venen heim-
lich vergeben.

JTem/ wer jemand durch Gifft oder
Venen/an Leib oder Leben beschädiget/
ist es ein Mannsbild/ der soll einem fürge-
setzten Rad; der gleich mit dem Rath zum
Tod gestrafft werden; ist aber eine solche
Mißthat ein Weibsbild/ die soll man er-
träncken/oder in andere Weg/ nach Gelegenheit / vom Leben zum Tod richten.
Doch/ zu mehrerer Forcht andern/ sollen
solche boßhafftige / mißthätige Personen/
vor der endlichen Todes-Straff/ geschleifft/
oder etliche Griff in ihre Leiber mit glüenden Zangen gegeben werden / viel oder we-
nig/ nach Ermessung der Person und Töd-
tung/ wie vom Mord deßhalben gesetzt ist.

131. Straff der Weiber/ so ihre Kinder tödten.

JTem/ welches Weib ihre Kind/ das
Leben und Gliedmaß empfangen hätt/
heimlicher/ boßhafftiger/ williger Weiß er-
tödtet/ die werden gewöhnlich lebendig be-
graben und gepfält; aber darinnen Ver-
zweiflung zu verhüten/ mögen dieselbige U-
belthäterin / in welchem Gerichte die Be-
quemlichkeit deß Wassers darzu vorhanden ist/ ertränckt werden. Wo aber solch
Ubel offt geschehe / wollen wir die gemeldte
Gewonheit deß Vergrabens und Pfälens/
um mehr Forcht willen / solcher boßhafftiger Weiber auch zulassen/ oder aber/ daß
vor dem Erträncken die Ubelthäterin mit
glüenden Zangen gerissen werde/ alles nach
Rath der Rechtverständigen.

So aber ein Weibsbild/ als obstehet
ein lebendig gliedmässig Kindlein/ so
nachmals todt erfunden/ heimlich geborn
und verborgen hätt/ und so dieselbe erkündi-
ge Mutter deßhalben bespracht wurde/
als dergleichen je zu Zeiten an Uns gelanget / wie das Kindlein ohne ihre Schuld
todt von ihr gebohren seyn soll ; woll sie
dann solch ihre Unschuld durch redliche gute Ursachen/ und Umständ durch Kundschafft außführen. damit soll es gehalten und
gehandelt werden wie am vier und siebentzigsten Artickul anzusehen: Item/ so ein
Beklagter Kundschafft etc. funden wird/
auch deßhalb zu weiterer Suchung Anzeigung geschiehet/ wann ohne obbestimmte genugsame Beweisung ist der angeregten ver-
meynten Enschuldigung nicht zu glauben/
sonst möcht sich eine jede Thäterin mit einem solchen gedichten Fürgeben ledigen.
Doch/ so ein Weibsbild ein lebendig gliedmässig Kindlein also heimlich trägt / auch
mit Willen allein und ohne Hülff anderer
Weiber gebüret/ welche ohne hülffliche Geburt / mit tödtlicher Verdächtlichkeit geschehen muß/ so ist deßhalb keine glaublich-
re Ursach, dann daß dieselbige Mutter durch
boßhafftigen Fürsatz vermeynt/ mit Tödtung deß unschuldigen Kindleins/ daran
sie vor in- oder nach der Geburt schuldig
wird/ ihre geübte Leichtfertigkeit verborgen
zu halten. Darum wann eine solche Mör-
derin auf gedachter ihrer angemaßten/ un-
beweißten/ frevenlichen Entschuldigung
bestehen bleiben wolt/ so soll man sie auf gemeldte genugsame Anzeigung bestimmten
unchristlichen und unmenschlichen erfundenen Ubels und Mords halber/ mit Peinlicher ernstlicher Frag zu Bekandtnus der
War-

warhen zwingen/ auch auf S. Ludowig
esselbigen Mords zu endlicher Todt-Straff/
ls obstehet/urtheilen. Doch wo an eines sol-
hen Weibs Schuld oder Unschuld gezweiffelt wird/ so sollen die Richter und Urthel-
er/ mit Anzeigung aller Umständen/ oder
onst/ wie hernach gemeldet wird/ Raths
pflegen.

132. Straff der Weiber/ so
ihre Kinder/ um daß sie dero ab-
kommen/ in Gefährlichkeit von
ihnen legen/ die also gefunden und ernehrt wer-
den.

JTem/ so ein Weib ihr Kind/ um daß
sie deß abkomm/ von ihr legt/ und das
Kind wird gefunden und ernehrt/ dieselbige Mutter soll/ wo sie deß überwunden und
verredten wird/ nach Gelegenheit der Sach
und Rath der Verständigen gestrafft werden. Stürbe aber das Kind von solchem
Hinlegen/so soll man die Mutter/ nach Ge-
egenheit deß gefährlichen Hinlegens/ am
Leib oder Leben straffen.

133. Straff der jenigen/ so
schwangern Weibsbildern
Kinder abtreiben.

JTem / so jemand einem Weibsbild
durch Bezwang/Essen oder Trincken/
ein lebendig Kind abtreibt ; wer auch
Mann oder Weib unfruchtbar macht/ so
solch Ubel fürsetzlicher und boßhafftiger
Weiß beschicht/ soll der Mann mit dem
Schwerdt/ als ein Todtschläger/ und die
Frau / so sie es auch an ihr selbs thäte/ ertränckt / oder sonst zum Tod gestrafft wer-

den. So aber ein Kind/ das noch nicht lebendig wär/ von einem Weibsbild getrie-
ben würde/ sollen die Urthailer der Straff
halber bey den Rechtverständigen/ oder
sonst/ wie zu Ende dieser Ordnung ge-
meldt/ Raths pflegen.

134. Straff/ so ein Artzt
durch seine Artzney
tödtet.

JTem / so ein Artzt auß Unfleiß oder
Unkunst/ und doch unfürsetzlich jemand mit seiner Artzney tödtet ; erfindt sich
dann durch die Gelehrten und Verständigen der Artzney/ daß er die Artzney leichtfer-
tiglich und verwegenlich mißbraucht/ oder
sich ungegründter unzulässiger Artzney/ die
ihm nicht gezimt hat/ understanden/ und
damit einem zum Tod Ursach geben/ der
soll nach Gestalt und Gelegenheit der Sa-
chen/ und nach Rath der Verständigen/
gestrafft werden/ und in diesem Fall aller-
meist Achtung gehabt werden auf die leichtfertige Leut/ die sich der Artzney understehen / und der mit keinem Grund gelernet
haben. Hätte aber ein Artzt solche Tödtung williglich gethan/ so wäre er als ein
fürsetzlicher Mörder zu straffen.

135. Straff eigner Töd-
tung.

JTem/ wann jemand beklagt/ und in
Recht erfordert oder gebracht würde/
von Sachen wegen/ so er der Uberwunde-
ne sein Leib und Gut verwürckt hätte/ und
auß Forcht solcher verschuldter Straff sich
selbs ertödtet/ deß Erben sollen in diesem
Fall seines Guths nicht fähig oder em-

F   pfänglich

pfänglich/ sondern solch Erb und Güther
der Obrigkeit/ der die Peinliche Straff/
Buß und Jnß zustehen/ heimgefallen seyn.
Wo sich aber eine Person ausserhalb obgemeldter offenbaren Ursachen/ auch in
Fällen/ da er seinen Leib allein verwürckt/
oder sonst auß Kranckheiten deß Leibs/
Melancholey, Gebrechlichkeit ihrer Sinn/
oder anderer dergleichen Blödigkeiten selbs
tödtet/ derselben Erben sollen deßhalb an
ihrer Erbschafft nicht verhindert werden/
und darwider kein alter Gebrauch/ Gewonheit oder Satzung statt haben/ sondern
hiemit revocirt/ cassirt und abgethan
seyn/ und in diesem und andern dergleichen
Fällen/ Unser Kayserlich geschriebenes
Recht gehalten werden.

134. So einer ein schädlich Thier hätte/ das jemand entleibt.

Item/ hat einer ein Thier/ das sich dermassen erzeiget/ oder sonst der Art und
Eigenschafft ist/ dardurch zu besorgen/ daß
es den Leuten an Leib oder Leben Schaden
thun möcht/ soll der Herr desselben Thiers
solch Thier von ihm thun: dann wo solches
Thier jemand Schaden thät oder entleibt/
soll der Herr deß Thiers darum nach Gelegenheit und Gestalt der Sachen und Rath
der Rechtsverständigen/ oder an Enden/
als hernach vermeldet/ gestrafft werden/
und so viel desto mehr/ so er zuvor von dem
Richter oder anderer Obrigkeit deß zuvor
ermahnt oder gewarnet wird.

135. Straff der Mörder und Todtschläger/ die keine ge-

nugsame Entschuldigung
haben mögen.

Item/ ein jeder Mörder und Todt-
schläger/ wo er deßhalb nicht rechts-
mässige Entschuldigung außführen kan/
hat das Leben verwürckt; aber nach Gewonheit etlicher Gegend/ werden die für-
sätzliche Mörder und Todtschläger einander gleich mit dem Rad gerichtet; darinnen soll Underscheid gehalten werden/ und
also/ daß der Gewonheit nach/ ein fürsätz-
licher muthwilliger Mörder mit dem Rad/
und ein anderer/ der einen Todtschlag auß
Gähheit oder Zorn gethan/ und sonst auch
gemeldte Entschuldigung nicht hat/ mit
dem Schwerdt vom Leben zum Tod gestrafft werden sollen ; und man mag in
fürgesetztem Mord/ so der an hohen trefflichen Personen/ deß Thäters eignen Herrn/
zwischen Eheleuten/ oder nahen gesippten
Freunden geschicht/ durch etliche Leibs-
Straffen/ als mit Zangen reissen/ oder
Außschleiffung vor der endlichen Tödtung/
um grösserer Forcht willen/ die Straff
mehren.

136. Von unklagbaren Todt-schlägen/ die auß solchen Ursachen so Entschuldigung der Straff auf ihnen tragen.

Item/ es geschehen je zu Zeiten Ent-
leibungen/ und werden doch die jeni-
ge/ so solche Entleibung thun/ auß guten
Ursachen/ als etliche allein von Peinlicher
und Burgerlicher Straff entschuldiget.
Und damit sich aber Richter und Urtheiler
an den Peinlichen Gerichten/ die der Rechten

en nicht gelernet haben / in solchen Fällen
desto rechtmäßiger zu halten wissen / und
durch Unwissenheit die Leute nicht beschwe-
ren oder verkürtzens so ist von gemeldten
entschuldigten Entleibungen geschrieben
und gesetzt / wie hernach folget.

139. Erstlich von rechter Nothwehr / wie die entschuldiget.

Item welcher eine rechte Nothwehr /
zu Rettung seines Leibs und Lebens /
thut / und den jenigen / der ihn also benöthiget / in solcher Nothwehr entleibet / der
ist darum niemand nichts schuldig.

140. Was eine rechte Noth-wehr ist?

Item / so einer jemand mit einem tödtlichen Waffen oder Wehr überlaufft /
anticht oder schlägt / und der Benöthigte
an süglich an Gefährlichkeit / oder Verletzung seines Leibs / Lebens / Ehr und guten
Leumuths nicht entweichen / der mag sein
Leib und Leben ohne alle Straff / durch eine
rechte Gegenwehr retten : und so er also
in benöthiger entleibet / ist er darum nichts
schuldig / ist auch mit seiner Gegenwehr /
 so er geschlagen wird / zu warten nicht
schuldig / unangesehen / ob es geschriebenen
Rechten und Gewohnheiten entgegen wär?

41. Daß die Nothwehr be-wisen soll werden.

Item / welcher sich aber / nach Erfindung der That / einer gethanen Noth-

wehr berühmt oder gebrauchen will / und
der Ankläger der nicht geständig ist / so lige
das Recht dem Thäter auf solche berühmte Nothwehr / obgemeldter massen / zu recht
genug zu beweisen ; beweiset er die nicht /
wird er schuldig gehalten.

142. Wann / und wie in Sa-chen der Nothwehr die Weisung auf den Ankläger kommt?

Item / so der Ankläger der ersten tödtlichen Anfechtung oder Benöthigung darauf / als obstehet / die Nothwehr gegründet / bekändtlich ist / oder beständig nicht verläugnen kan / und dargegen
sagt / daß der Todtschläger darum keine
entschuldigte Nothwehr gethan haben soll /
wann der Entleibte hätt fürgewendter be-
ständlicher Anfechtung oder Benöthigung
rechtmäßige Ursach gehabt / als geschehen
möcht. So einer einen unkeuscher Werck
halber / bey seinem ehlichen Weib / Toch-
ter / oder an andern bösen sträfflichen Übel-
thaten findet / und darum gegen demselben
Übelthäter tödliche Handlung / Zwang
oder Gefängnus / wie die Recht zulassen /
fürnehme ; oder dem Entleibten hätte gebührt / den verklagten Todtschläger von
Ampts wegen zu fahen / und die Nothdurfft erfordert / ihn mit Waffen solcher
Gefängnus halber zu bedrohen / zwingen
und nöthigen / daß er also in recht zulässiger
Weiß gethan hätt ; oder / so der Kläger in
diesem Fall eine solche Meynung fürgäb /
daß der angezogene Todtschläger darum
keine rechte Nothwehr gethan hätt ; wann
er deß Entleibten / als er ihn erschlagen

F 2　　　　　　　hätt

hätt/ gantz mächtig und von der Benöthigung erlediget gewesen; oder meldet/ daß der Entleibte/ nach gethaner erster Benöthigung gewichen/ dem der Todschläger auß freyem Willen und ungenöthigter ding nachgefolget/ und ihn allererst in der Nachfolg erschlagen hätt; mehr/ so fürgewendet wird/ der Todschläger wäre dem Benöthigten wol füglicher Weiß und ohne Gefährlichkeit seines Leibs/ Lebens/ Ehren und guten Leumuths halben entwichen/ darum die Entleibung durch den verklagten Todschläger nicht auß einer rechten entschuldigten Nothwehr/ sondern böslich geschehen wär/ und darum Peinlich gestrafft werden solle/ ꝛc. Solch obgemelte und ander dergleichen Fürgeben/ solle der Ankläger/ wo er deß geniessen will/ gegen Erfindung/ daß der Todschläger durch den Entleibten/ erstlich/ als vorstehet/ benöthiget worden ist/ beweisen; und so er eine derselben obgemelte oder anderer dergleichen rechtmässigen Verursachung gegen der ersten unlaugbaren Anfechtung oder Benöthigung genugsam beweiset/ so kan sich solcher Todschläger keiner rechten oder gänzlichen entschuldigten Nothwehr behelffen/ unangesehen/ ob außgeführt oder bestanden würd/ daß ihn der Entleibte (als vor von der Nothwehr geschrieben stehet/) erstlich/ mit einer tödtlichen Wehr angefochten und benöthiget hat. So aber der Kläger der ersten erfundenen Benöthigung halber/ keine solche rechtmässige Verursachung beweiß/ sondern der verklagte Todschläger seiner berühmten Nothwehr halber außkündig macht/ daß er von dem Entleibten mit einer tödtlichen Wehr/ als vor von rechter Nothwehr gesetzt ist/ erstlich angefochten worden wär; so ist die

Nothwehr durch den verklagten Todschläger außgeführt/ und soll doch gemeldte Kundschafft beyder Theil miteinander zugelassen und gestellt werden: Nemlich auch ist hierinn zu mercken/ so einer der ersten Benöthigung halber redliche Ursach zur Nothwehr gehören/ gehalten hätt/ ist noch gar eben zu ermessen/ wie viel oder wenig der Thäter zur That Ursach gehabt hat? und daß fürther die Straff an Leib/ Leben/ oder aber zur Buß und Besserung erkandt werd/ alles nach sonderlicher Nachgebung der Rechtsverständigen/ als hernach gemeldet wird; wann diese Fäll gar subtil Underschied haben; darnach hierinn erst und anderst/ schwerlicher oder linder geurtheilet werden soll/ welche Underscheid dem gemeinen Mann verständlich nicht zu erklären seynd.

143. Von Entleibung/ das niemands anders geschehen hat/ und eine Nothwehr fürgewendet würde.

Item/ so einer jemand entleibt/ das niemand gesehen hat/ und will sich einer Nothwehr gebrauchen/ der ihm die Kläger nicht gestehen/ in solchen Fällen ist anzusehen der gute und böse Stand jeder Person/ die Statt/ da der Todschlag geschehen ist/ was auch jeder für Wunden und Wehr gehabt und wie sich jeder Theil in dergleichen Fällen/ vor und nach der That gehalten hab/ welcher Theil auch auß vorgehenden Geschichten/ mehr Glaubens/ Ursach/ Bewegung/ Vortheils oder Nutz haben mög/ den andern an dem Ort/ als die That geschehen

ist

ist/zu erschlagen oder zu benöthigen : Darauß kan ein guter verständiger Richter ermessen / ob der fürgewendten Nothwehr
zu glauben seye / und wo die Vermuthung
der Nothwehr wider die befindliche That
haben soll/ so muß dieselbige Vermuthung
gar gute/ beständige Ursach haben/ aber der
Thäter mocht wider den Entleibten so viel
böser/ und sein selbs halber so viel guter/
starcker Vermuthung darbringen/ ihm
wär der Nothwehr zu glauben?

Solche Ursachen alle zu erklären / kan
durch diese Ordnung nicht wol gründlich
und jederman verständlich beschehen; a-
ber nemlichen ist zu mercken/ daß in diesem Fall/ aller obgemeldten Vermuthun-
gen halber/ die Beweisung dem Thäter aufgelegt werden soll; doch unabgeschnitten
dem Kläger der Weisung/ die er darwider
ürbringen wolt/ und wo dieser Fall vorgemeldter massen redlichen Zweiffel hat/ so ist
noch/ in der Urtheil der verständigen Räth/
mit Fürlegung aller Umständen/ statlich
zu gebrauchen; wann sich dieser Fall mit
gar viel Zweiffels und Underschied für und
wider die berühmte Nothwehr begeben
mag/ die vor der Geschicht nicht alle zu
bedencken oder zu setzen seyn.

144. Von berühmter Noth-
wehr gegen einem Weibs-
bilde.

Item/ ob einer ein Weib erschlägt/
und sich einer Nothwehr berühmt/ in
einem solchen Fall ist außzuführen und anzusehen die Gelegenheit deß Weibs und
Manns/ auch ihrer beyder gehabten Wehr
und That/ und darinnen/ nach Rath der
Rechtsverständigen/ wie hernach stehet

zu urtheilen : dann wiewohl nicht leichtlich ein Weib einen Mann zu einer entschuldigten Nothwehr verursachen mag; so
wäre doch möglich/ daß ein grausames
Weib einen weichen Mann zu einer Nothwehr bringen möcht/ und sonderlich/ so sie
sorgliche/ und er schlechtere Wehr hätte.

145. So einer in rechter
Nothwehr einen Unschuldigen
wider seinen deß Thäters
Willen entleibet.

Item/ so einer in einer rechten bewie-
senen Nothwehr wider seinen Willen einen Unschuldigen mit Stichen/
Streichen/ Würffen oder Schiessen/ so
er den Nöthiger meynt/ treffe und entleibt
hett/ der ist auch von peinlicher Straff entschuldiget.

146. Von ungefährlicher
Entleibung/ die wider eines
Thäters Willen geschicht/
ausser einer Noth-
wehr.

Item/ so einer ein ziemlich unverboten
Werck an einem End und Ort / da
solch Werck zu üben ziemlich ist/ thut/ und
dardurch von ungeschickten gantz ungefährlicher Weiß/ wider deß Thäters Willen jemand entleibt/ derselbige wird in viel
Weg/ die nicht möglich zu benennen seyn/
entschuldiget; und damit dieser Fall desto
leichter verstanden/ setzen wir diese Gleichnus : Ein Barbierer schürt einem den
Bart in seiner Stuben/ als gewöhnlich zu
schären ist/ und wird durch einen also ge-
stossen/

G 3

ſtoſſen oder geworffen/ daß er dem/ ſo er
ſchärt/ die Gurgel wider ſeinen Willen ab-
ſchneidet. Ein ander Gleichnus : So
ein Schütz in einer gewohnlichen Zihlſtatt
ſtehet/ oder ſitze/ und zu dem gewohnlichen
Blatt ſcheuſt/ und es laufft ihm einer under den Schuß/ oder ihm löſt ungefähr-li-
cher Weiß und wider ſeinen Willen ſein
Büchs oder Armbruſt/ ehe er recht an-
ſchlägt und abkommet/ und ſcheuſt alſo jemand zu tod/ dieſe beyde ſeynd entſchuldiget. Underſtünd ſich aber der Barbierer
an der Goſſen/ oder ſonſt an einer unge-
wohnlichen Statt jemand zu ſchären/ oder
der Schütz an einer dergleichen ungewohn-
lichen Statt/ da man ſich verſehen möcht/
daß Leute wanderten/ zu ſchleiſſen ; oder
hielt ſich der Schütz in der Zihlſtatt unfür-
ſichtiger Weiß ; und würde alſo von dem
Barbierer/ oder dem Schützen/ als obſte-
het/ jemand entleibet/ der Thäter keiner
wird genug entſchuldiget ; aber dannoch
iſt mehr Barmhertzigkeit bey ſolchen Entleibungen / die ungefährlich auß Geil-
heit oder Unfürſichtigkeit/ doch wider deß
Thäters Willen geſchehen/ zu haben/ dann
was argliſtig und mit Willen geſchicht/
und wo ſolche Entleibung geſchehen/ ſollen die Urtheiler bey den Verſtändigen/ ſo
es vor ihn zu ſchulden kommt/ der Straff
halber Raths pflegen. Auß dieſen oban-
gezeigten Gleichnuſſen/ mag in andern un-
benanbten Fällen ein Verſtändiger wohl
mercken und erkennen/ was eine ungefähr-
liche Entleibung iſt/ und wie die Entſchul-
digung auf ihr trägt ? Und nachdem dieſe
Fäll offt zu ſchulden kommen / und durch
die Unverſtändigen darinnen etwa gar un-
gleich gerichtet würde/ iſt die angezeigte
kurtze Erklärung und Warnung derhalben

auß guten Urſachen geſchehen/ damit der
gemeine Mann etwas Verſtands der
Rechten darauß nehme. Jedoch haben
dieſe Fäll zu Zeiten gar ſubtile Unterſcheid/
die dem gemeinen Mann/ ſo an den Peinlichen Gerichten/ verſtändig oder begreiff-
lich nicht zu machen ſeyn/ hierum ſollen die
Urtheiler in dieſen obgemelten Fällen al-
len/ (wann es zu ſchulden kommet/) angezeigter Erklärung halber/ der vorgemelter
verſtändiger Leuten Rath nicht verachten/
ſondern gebrauchen.

147. So einer geſchlagen wird und ſtirbt/ und man zwei-felt/ ob er an der Wunden geſtorben ſey ?

Item/ ſo einer geſchlagen wird/ und
über etliche Zeit darnach ſtirbe/ alſo
daß zweiffelig wär/ ob er der geklagten
Streich halber geſtorben wäre oder nicht?
In ſolchen Fällen mögen beyde Theil/ (wie
von Weiſung geſetzt iſt/) Kundſchafft zur
Sach dienſtlich ſtellen/ und ſollen doch ſonderlich die Wund-Artzt der Sachen ver-
ſtändig/ und andere Perſonen/ die da wiſ-
ſen/ wie ſich der Verſtorbene nach dem
Schlagen und Rumor gehalten hab/ zu
Zeugen gebraucht werden/ mit Anzeigung/
wie lang der Verſtorbene nach den Streichen gelebet hab ? und in ſolchen Urtheilen
die Urtheiler bey den Rechtsverſtändigen/
und an Enden und Orten/ wie zu Ende
dieſer Unſerer Ordnung angezeiget/ Raths
pflegen.

148. Straff derjenigen/ ſo einander in Morden/ Schlagen/
Ru-

anderen fürsetzlich oder unfürsetzlich Beystand thun.

Item/ so etliche Personen mit fürgesetztem und vereinigten Willen und
Rath jemand böslich zu ermorden einander Hülff und Beystand thun/ dieselbige
Thäter alle haben das Leben verwürckt.
So aber etliche Personen ungeschicht in
einem Schlagen oder Gefechte/ beyeinander wären/ einander helffen/ und jemand
so ohne genugsame Ursach erschlagen
würde; so man denn den rechten Thäter
weißt/ von deß Hand die Entleibung geschehen ist/ der soll als ein Todschläger mit
dem Schwerdt vom Leben zum Tod gestrafft werden.　Wäre aber der Entleibte
noch mehr dann einen/ die man wüßte/
gefährlicher Weis tödtlich geschlagen/ ge-
worffen oder verwundt worden/ und man
andere nicht beweißlich machen / von welcher sonderlichen Hand und That er gestor-
ben wär; so seynd dieselbige / so die Verle-
tzung/ wie obstehet/ gethan haben/ alle als
Todschläger/ vorgemeldter massen/ zum
Tod zu straffen.　Aber der ander Bey-
stände/ Helffer und Ursacher/ Straff hal-
ber/ von welchs Hand obbestimmter mass
der Entleibte nicht tödtlich verletzt worden ist/ auch so einer in einer Aufruhr oder
Schlagen entleibet würd/ und man möchte nicht wissen/ davon er als vorstehet/ verletzt worden wär; sollen die Urtheiler bey
den Rechtsverständigen/ und an Enden
und Orten/ wie hernach gemeldet wird/
sich pflegen/ mit Eröffnung aller Umstände und Gelegenheit solcher Sachen/ so
viel sie erfahren könten / wann in solchen
fällen nach Ermessigung mancherley Umstände das nicht alles zu schreiben / unver-
meidlich zu urtheilen ist.

149. Von Besichtigung eines Entleibten vor der Begräbnus.

Und damit dann in obgemeldten Fällen gebührliche Ermessigung und Erkandtnus solcher underschiedlichen
Verwundung halber / nach der Begräbnus deß Entleibten desto minder Mangel
solle der Richter / samt zweyen Schöffen
dem Gerichtschreiber und einem oder mehr
Wund-Ärtzten/ (so man die gehaben und
geschehen kan) die darnn zuvor darzu beey-
diget werden sollen/ denselben todten Cör-
per vor der Begräbnus mit Fleiß besichti-
gen/ und alle seine empfangene Wunden/
Schläg und Würff/ wie der jedes funden
und ermessen würde/ mit Fleiß mercken
und verzeichnen lassen.

150. Hernach werden etliche Entleibungen ins gemein berühret/ die auch Entschuldigung auf ihnen tragen mögen/ so darinnen ordentlicher Weiß gehandelt wird.

Item/ es seynd sonst andere mehr Ent-
leibungen/ die etwa auß unsträfflichen
Ursachen beschehen/ so dieselbige Ursachen
recht und ordentlich gebraucht werden;
als da jemand um unkeuscher Werck wil-
len/ die er mit seinem Ehweib oder Toch-
ter übet, erschlägt/ wie vor in dem hundert
und ein und zwantzigsten Artickul deß Eh-
bruchs/anfahend: Item/ so ein Ehmann
einem andern rc. gesetzt ist.

Item/ so einer zu Rettung eines andern
Leib/ Leben oder Guth erschlägt; It.

so ihre Sinn nicht haben. Mehr/ so einem jemand von Amtes wegen zu fahen gebühret/ der untzimlichen/ frevenlichen/ und sorglichen Widerstand thut/ und derselbige widerspänig darob entleibt würde.

Item/ so jemand einen bey nächtlicher Weil gefährlicher Weiß in seinem Hauß findet und erschlägt/ oder/ so einer ein Thierhat/ das jemand tödtet/ und der gleichen Boßheit davor von dem Thier nicht gesehen oder gehöret hat/ wie hievor in dem hundert und sechs und dreyßigsten Artickul anzeigend: Item/ hat einer ein Thier/ davon gesetzt ist: Die nechst obgemelte Fälle alle haben gar viel Underscheid/ wann die Entschuldigung oder theil Entschuldigung auf ihnen tragen/ das alles zu lang zu schreiben und zu erklären wär/ und dem gemeinen Mann auch irrig und ärgerlich seyn möchte/ wo solches alles in dieser Ordnung soll begriffen werden. Darum/ so dieser Sachen eine für den Richter und Urtheiler kommt/ sollen sie bey den Rechtsverständigen/ und an Enden und Orten/ wie zu Ende dieser Unserer Ordnung angezeiget/ Raths gebrauchen/ und nicht eigne unvernünfftige Regul oder Gewonheit darinn zu sprechen machen/ die dem Rechten widerwärtig seyn/ als jetzu Zeiten an den Peinlichen Gerichten bißher geschehen/ daß die Urtheyler der Underschied jeder Sach nicht hören und bewögen/ das ist eine grosse Thorheit/ und folget darauß/ daß sie sich zu vielmahlen irren/ thun den Leuten Unrecht/ und werden an ihrem Blut schuldig: So geschicht auch viel/ daß Richter und Urtheiler die Missethäter begünstigen/ und ihre Handlung darauf richten/wie sie ihnen das Rechte

verlängern/ und wissentliche Ubelthäter durch ledig machen wollen/ vermeynen vielleicht etliche einfältige Leut/ sie thäten wol daran/ daß sie denselbigen Leuten ihr Leben retten: Sie sollen wissen/ daß sie sich schwerlich darmit verschulden/ und seyn den Anklägern derhalben vor Gott und der Welt Widerkehrung schuldig/ wann ein jeder Richter und Urtheiler ist bey seinem Eyd und seiner Seeligkeit schuldig/ nach seinem besten Verstand gleich und recht zu richten/ und wo eine Sach über sein Verständnus ist/ bey den Rechtsverständigen/ und an Enden und Orten/ wie zu Ende dieser Unserer Ordnung gemeldet wird/ Raths pflegen/ wann zu grossen Sachen/ als zwischen dem gemeinen Nutz und der Menschen Blut zu richten/ grosser ernstlicher Fleiß gehört und angekehret werden soll.

151. Wie die Ursachen/ so zu Entschuldigung bekändlicher That fürgewendet/ außgeführt werden sollen.

Item/ so jemand einer That bekändlich ist/ und derhalben Ursachen anzeiget/ die solche That vor Peinlicher Straffe entschuldigen möchten/ als vor bey jeder geordneter Peinlichen Straff/ wie und was die entschuldige wird/ gesetzt ist/ so soll der Richter den Thäter fragen/ ob er solche seine fürgegebene Entschuldigung solcher That halber weisen wollen/ durch rechtverständige Leut oder durch den Gerichtschreiber in Gegenwärtigkeit deß Richters aufzeichnen lassen? So dann der Richter mit gehobtem Rath der Rechtsverständigen dieselbige Weisungs-Artickul darfür

r erkennt/ wo die beweisen würden/ daß
eselbige angezeigte Ursachen/ die beklagte
nd bekandte That von Peinlicher Straff
ntschuldigen/ so soll der Thäter auf ihr An-
chen mit so'chen erbot en Weisung/ auch
as der Antläger dienstlichs darwider wei-
n wolt/zugelassen, auch dieselbige Obrig-
lt deßha'ben Kundschafft. Verhörer und
ders verordnet/ gehalten und gehandelt
erden/ wie vor im zwey und sechtzigsten
rtickul anfahend : Item/ wo der Be-
gte rc. und etlichen Artickuln darnach
n Form und Maß der Weisung gesetzt
/ samt etlichen hernachfolgenden Artt.
uln/ so es zu schulden kommet/ angesehen
d darnach gehandelt. Wo gezweiffelt
irde/ solle Raths/ wie hernach gemeldet
ird/ gepflegt werden.

52. So deß Thäters gege-
bene Weisungs-Artickul
nicht beschliessen.

Item/ so aber die obgemeldte Weisungs-
Artickul/ durch den Richter mit gehab-
n Rath der Verständigen/ darfür er-
ndt würden/ ob gleich solche erbotene
Weisung geschehen/ daß die dannoch nicht
nstlich zu deß Thäters Entschuldigung
ir/ so soll die Weisung nicht zugelassen/
dern abekandt/ und alsdann durch den
ichter und Gerichte/ da der Thäter innen
/ mit fürderlichem Rechten welcher ge-
ndelt werden/ wie sich gegen einem sol-
n bekandlichen offenbaren Thäter ge-
hrt.

3. Uber wen die Azung in
obgemeldter Außführung
gehen soll:

Item/ wo aber einer jemand entleibt
hätte/ deßhalb ins Gefängnus kam
auch der Entleibung bekändtlich wär/ und
doch der vorgemeldten Ursachen eine oder
mehr / die ihn solcher Entleibung halber/
gar oder eines Theils entschuldigte mit
Kundschafft/ wie davon gesetzt ist/ außführen wolt / so sollen deß Beklagten Freund
dem Kläger zuforderst vor dem Richter
und vier Schöffen / nach Ermessung derselben nothdürfftige Caution, Sicherung,
und Bestand thun/ ob sie solche fürgegebene Entschuldigung deß Beklagten in der
Außführung mit Recht nicht erfünde/ daß
dann deß Beklagten Freund die Azung
deß Beklagten/ auch dem Kläger Kost
und Schäden/ nach Ermessung desselbigen
Gerichtes außrichten wollen/ darein derselbige Kläger/ durch die unverstandene un-
erfindliche Außführung der berührten
Entschuldigung gebracht würde/ damit
gedencken wir fürzukommen/ daß der Kläger durch berührte unwarhafftige und be-
trügliche Außzüg nicht zu schaden gebracht
werde. Und sollen in diesem Fall/ der berührten Mässigung/ dieselbige Schöffen
und Urtheilsprecher bey den Rechtverstän-
digen/ und an Enden und Orten/ wie hernach gemeldet wird/ auch Raths pflegen.

154. Von grosser Armuth/
der sich obgemeldter massen
außführen wolt.

Item/ wär aber der Beklagte so gantz
arm/ auch nicht Freunde hätt/ die jetzt
gemeldte Caution, Sicherung und Bestand zu thun vermöchte, und doch zweiffelig wär/ ob er seiner beschuldigten Entleib-
bung halber redliche Entschuldigung hätt/

G　　　　　　　　soll

soll sich der Richter/ nach gestalt der Sachen/ mit allem Fleiß/ so viel er kan/ erkundigen/ und der Obrigkeit solches alles schreiben und Bescheids deßhalben erwarten/ also/ daß solche Erkundigung in dem Fall Ampts halber auf deß Gerichts oder desselbigen Obrigkeit darlegen und Kosten beschehe.

155. So einer in der Mordacht wär/ ins Gefängnus käm/ und seine Unschuld außführen wolte.

Item so einer in Gefängnus käm/ der zuvor in die Mordacht erkandt wär/ wie an etlichen Orten Gewonheit/ und in der Gefängnus sein Entschuldigung/ wie in den vorgemelten Articlen von den entschuldigungen gesagt ist/ außzuführen sich erbiete/ der soll unangesehen/ daß er hievor in die Mordacht erkant wär/ mit bestimmter Außführung zugelassen werden.

156. Von Aufführung beschuldigter Peinlichen Übelthat/ ehe der Beclagte ins Gefängnus kommt.

Item/ so sich einer/ ehe er ins Gefängnus kommt/ einer Peinlichen Übelthat mit Recht außführen will/ das soll er thun an ordentlichen Peinlichen Gerichten/ wie in diesen Fällen jedes Orts und Herkommen ist; und soll in diesen Aufführungen beyden Theilen rechtmässige Verkündung geschehen/ auch beyder Theil nothdürfftig fürbringen/ Urkund und Kundschafft/ wie sich in Recht gebühret/ zugelassen/ und nicht (wie in etlichen Orten mißbraucht) abgeschnitten werden/ und. soll der selbige zum Rechten/ für unrechter Gewalt und nicht weiter vergleitet werden.

Hernach folgen etliche Artickul vom Diebstal.

157. Zum Ersten/ vom allerschlechtesten heimlichen Diebstal.

Item/ so einer etliche gestohlen hat/ under fünff Gulden werth/ und der Dieb mit solchem Diebstal/ ehe er dann in sein Gewarsam kommt/ nicht beschryen/ berüchtiget oder beretten würde/ auch zum Diebstal nicht gestiegen oder gebrochen hat und der Diebstal under fünff Gulden werth/ ist ein heimlicher und geringer Diebstal/ und wann solcher Diebstal nochmals erfahren würde/ und der Dieb mit oder ohne Diebstal einkommt/ so soll ihn der Richter darzu halten/ so es anders der Dieb vermag/ dem Beschädigten den Diebstal mit der Zwyspil zu bezahlen; wo aber der Dieb keine solche Geld-Buß vermag/ soll er mit dem Kercker/ darinnen er etliche Zeitlang ligen/ gestrafft werden. Und so der Dieb nit mehr vermag oder zuwegen bringen kan/ soll er doch zum wenigsten dem Beschädigten den Diebstal wieder geben/ oder noch einfach werth bezahlen oder vergleichen/ und soll der Beschädigte mit derselben einfachen Vergleichung deß Diebstals (aber mit der Übermaß nicht) der Obrigkeit

f Gebühr vergehen. Doch soll der
Dieb im Außloffen seine Azung / so er in
e Gefängnuß gemacht hat / auch zu be-
zlen schuldig seyn/ und den Büttlen (ob
es hat) ihren gewohnlichen Gebühr für
e Muh und Fleiß entrichten/ und zu
n allen/ nach der besten Form/ um Ent-
tung willen deß gemeinen Friedens/ e-
ze Urphede thun.

8. Von ersten offentlichen
Diebstal/ damit der Dieb be-
schriben wird/ ist schwe-
rer.

Item / so aber der Dieb mit gemeltem
ersten Diebstal/ der unter fünff Gülden
rch ist / ehe und er an sein gewarsam
nme / bettetten würd/ oder ein Geschrey
r Nacheil machte/ und doch zum Dieb-
l nicht gebrochen oder gestiegen hat / ist
offner Diebstal/ und beschwerde ihn die
nele Aufruhr und Berüchtigung die
at also/ daß der Dieb in Branger gestell/
e Ruthen außgehauen / und das Land
botten/ und vor allen Dingen dem Be-
ädigten der Diebstal oder der Werth
für / so es in deß Diebs Vermögen ist/
iderum werden / und soll zu dem allem
der besten Form ewige Urphede thun.
är aber der Dieb ein solche ansehenliche
rson/ daben sich Besserung zu verhoffen/
g ihn der Richter (jedoch ohn der Ob-
rkeit Zulassen und Bewilligung nicht)
ürgerlich und also strafen / daß er dem
schädigten den Diebstal vierfältig be-
len/ und sonst allenthalben gehalten wer-
soll / als oben in nechstem Artickel von
nlichem Diebstal gesetzt ist.

9. Von ersten gefährlichen

Diebstälen/ durch Einsteigen o-
der Brechen/ ist noch
schwerer.

Item / so aber ein Dieb in vorgemel-ten
Stellen/ jemands bey Tag oder Nacht/
in sein Behausung oder Behaltung briche
oder stelzt/ oder mit Waffen/ damit er jemand re. ihm Widerstand thun wolt/ ver-
letzen möcht / zum stelen eingehet/ solches sey
der erst oder mehr Diebstal/ auch der Diebstal groß oder klein/ darob oder darnach be-
tichtigt oder betretten/ so ist doch der Diebstal darzu / als obsteht/ gebrochen oder gestiegen wird / ein geflissener gefährlicher
Diebstal.   So ist in dem Diebstal/ der
mit Waffen geschicht / einer Vergewalti-
gung und Verletzung zu besorgen. Darumb
in diesem Fall/ der Mann mit dem Strang/
und das Weib mit dem Wasser oder sonst
nach Gelegenheit der Personen / und Ermessung deß Richters in ander weg / mit
Außstechung der Augen / oder Abhauung
einer Hand / oder einer andern dergleichen
schweren Leibstraff gestraft werden soll:

160. Von ersten Diebstal /
fünff Gülden werth/ oder darüber
und sonst ohn beschwerlich
Umstände soll man
Raths pflegen.

Item so aber der erste Diebstal groß/ und
fünff Gülden oder darüber werth wär/
und der Umstände so den Diebstal / wie
oben davon gemelt ist / beschweren/ keiner
daben erfunden würd/ aber dannoch angesehen die Grösse deß Diebstals / so hat es
mehrer Straff dann ein Diebstal der geringer ist. Und in solchen Fällen muß man
ansehen den Werth deß Diebstals/ auch ob

sey. Mehr soll ermessen werden der Stand und das Wesen der Person / so gestohlen hat / und wie schädlich dem Beschädigten der Diebstal seyn mag/und die Straff darnach / an Leib oder Leben urtheilen. Und dieweil aber solche Ermessung in rechtverständiger Leuth Vernunfft steht/ so wollen wir / daß in solchem jetzgemeltem Fall / so offt sich der also begibt/die Richter undUrtheiler bey den Rechtverständigen und an Orten und Enden wie hernach gemelt wird/ Raths pflegen/mit Entdeckung der berührten Umstände/ und nach solchem ersundnen Rath ihr Urtheil geben. Wo aber der Dieb zu solchem Diebstal gestigen oder gebrochen/ oder mit Waffen/als vorsteht/ gestohlen hätte / so hätte er damit wie obgemelt/ das Leben verwirckt.

161. Vom andern Diebstal.

Item so jemand zum andern mal/ doch zusserhalb Einsteigens oder Brechens/ als obsteht/ gestohlen hätte / und sich solche beyde Diebstäl/ auf gründige Erfahrung der Warheit/als hievor/ von solcher Erfahrung klärlich gesetzt ist/erfunden / auch dieselben zween Diebstäl nicht fünff Gülden oder darüber werth sernd/ so beschweret der erste Diebstal den andern/darum mag der selbige Dieb in Branger gestelt / und das Land verbotten/ oder in denselben Zirck oder Ort / darinn er verwirckt hat / ewiglich zu bleiben verstrickt werden nach Gefallen deß Richters/ auch nach der besten Form ewige Urphede thun / und mag den Dieb in diesem Fall nicht fürtragen / ob er mit dem Diebstal / als vor vom ersten Diebstal gemelt ist /nicht beschrien oder betretten würd. Wo aber solche zween Diebstäl fünff Gülden oder darüber treffen / so soll es mit Er-

fahrung aller Umstände/ auch Gebrauchung der Rechtverständigen / wie hievor geschrieben / auch als im nächsten obern Artickel steht/gehalten werden.

162. Vom Stehlen zum dritten mal.

Item würde aber jemands betretten/ der zum dritten mal gestohlen hätt/ und solcher dreyfacher Diebstal/wie zu gutem Grund/ als vor von Erfahrung der Warheit gesetzt ist / erfunden würde / das ist ein mehrer verleumbter Dieb/ und auch einem Vergewaltiger gleich geacht / und soll darum / nemlich der Mann mit dem Strang/ und die Frau mit dem Wasser oder sonst in andere weg/nach jedes Lands Gebrauch/ vom Leben zum Tod gestrafft werden.

163. Wo mehr dann einerley Beschwerung bey dem Diebstal gefunden würde.

Item/ wo bey einem Diebstal mehr dann einerley Beschwerung/ so in den vorgesetzten Artickuln unterschiedlich gemelt seyn/ erfunden würden/ ist die Straff nach der meisten Beschwerung deß Diebstals zu erkennen.

164. Von jungen Dieben.

Item/ so der Dieb oder Diebin ihres Alters under 14. Jahren wären/ die sollen um Diebstal/ ohne sondere Ursach auch nicht vom Leben zum Tod gerichtet/ sondern der obgemeldten Leibstraff gemäß/ samt ewiger Urphede gestrafft werden. Wo aber der Dieb nahend bey vierzehen Jahren alt wäre/ und der Diebstal groß/ oder obbestimmte beschwerliche Umstände/

so geführlich dabey gefunden würden/ al-
so/ daß die Boßheit das Alter erfüllen
möchte/ so sollen Richter und Urtheiler deßhalb auch/ (wie hernach gemeldet) Raths
pflegen/ wie ein solcher junger Dieb an
Gut/ Leib oder Leben zu straffen sey?

165. So einer etwas heim-
lich nimmt von Gütern/ deren er
ein nächster Erb ist.

ITem/ so einer auß Leichtfertigkeit o-
der Unverstand etwas heimlich nehme von Gütern/ deren er sonst ein nächster
Erb ist/ oder/ so sich dergleichen zwischen
Mann und Weib begebe/ und ein Theil
den andern derhalb anklagen würde/ sollen
Richter und Urtheiler mit Entdeckung äl-
ler Umständen/ bey den Rechtsverständi-
gen/ und an Orten und Enden/ wie zu Ende dieser Unserer Ordnung angezeiget/
Raths pflegen/ auch erfahren/ was in solchen Fällen das gemeine Recht seye/ und
sich darnach halten; doch soll die Obrigkeit oder Richter in diesen Fällen von
ampts wegen nicht klagen noch straffen.

166. Stehlen in rechter Hun-
gers Noth.

ITem/ so jemand durch rechte Hun-
gers Noth/ die er/ sein Weib oder
Kinder leiden/ etwas von essenden Dingen zu stehlen verursacht würde/ wo dann
derselbige Diebstal tapffer groß und kündt-
lich wäre/ sollen abermals Richter und
Urtheiler (als obsteht) Raths pflegen.
Ob aber derselbige Dieb einer unsträfflich
offen würde/ soll ihm doch der Kläger um
die Klag deßhalb gethan/ nichts schuldig
seyn.

167. Von Früchten und An-

gen auf dem Feld/ wie und wann
darmit Diebstal gebrauchet
werde?

ITem/ wer bey nächtlicher Weil jemand seine Früchte/ oder auf dem Feld
seine Nutzung/ wie das alles Namen hat/
heimlicher und gefährlicher Weiß nimmt/
und die hinweg trägt oder führet/ das ist
auch ein Diebstal/ und wie anderer Diebstal vorgemeltter massen zu straffen; desgleich-
chen/ wo einer bey Tag jemand an berührten seinen Früchten/ die er heimlich nehme
und hinweg trüg/ grossen merklichen und
gefährlichen Schaden thäte/ ist auch wie
obsteht für einen Diebstal zu straffen. Wo
aber jemand bey Tag essende Früchte neh-
me/ und damit durch Wegtragen derselben/
nicht grossen gefährlichen Schaden thäte/
der ist nach Gelegenheit der Person und
der Sach/ Bürgerlich zu straffen/ wie an
demselben Ende/ da der Schad geschicht/
durch Gewonheit oder Gesetz herkommen.

168. Vom Holtzstehlen/oder
verbottener Weiß abhauen.

ITem/ so jemand sein gehauen Holtz
dem andern heimlich hinweg führet/
das ist einem Diebstal gleich/ nach Gestalt
der Sachen zu straffen. Welcher aber in
eines andern Holtz hellicher und verbotter
Weiß hauet/ der soll gestrafft werden nach
Gewonheit jedes Lands oder Orts. Doch
wo einer zu ungewohnlicher oder verbottener Zeit/ als bey der Nacht oder an Feyer-
tägen/ einem andern sein Holtz gefährlicher
und diebischer Weiß abhauet/ der ist nach
Rath härter zu straffen.

169. Straff der jenigen die
Fisch stehlen.

G 3   Item/

Thälerus Fisch stihlt / ist einem Diebstal gleich zu straffen. So aber einer auß
einem fliessenden ungefangenen Waffer
Fisch fienge / des einem andern zustünde/
der ist an seinem Leib oder Gut nach Gelegenheit und Gestalt deß Fischens/der Person und Sachen/nach Rath der Rechtver-
ständigen/zu straffen.

170 Straff der jenigen / so mit vertrauter oder hinderlegter Haabe ungetreulich handeln.

Item/ wacher mit eines andern Gü-
tern/ die ihm in gutem Glauben zu
behalten und zu verwahren gegeben
seyn / williger und gefährlicher Weiß/
dem Glaubiger zu schaden handelt / solche
Missethat ist einem Diebstal gleich zu
straffen.

171. Diebstal heiliger oder ge- weichter Ding an/ und un- geweichten Stetten.

Item / stehlen von geweichten Dingen
oder Stetten ist schwerer dann ander
Diebstal und geschicht in dreyerley Weiß:
Zum ersten / wann einer etwas Heiliges
oder Geweichtes stihlt an geweichtem Stetten : Zum andern/ wann einer etwas
an ungeweichten Stetten stihle : Zum
dritten/ wann einer ungeweichte Ding an
geweichten Stetten.

172. Von Straff obgemeld- ten Diebstals.

Item / so einer eine Monstrantzen stihlt/
da das heilige Sacramente deß Altars
inn ist/ soll mit dem Feuer vom Leben zum

Tod gestrafft werden. Stehl aber einer
sonst gü deine oder silberne geweichte Ge-
fäß/ mit- oder ohne Heiligthum/ oder aber
Kelch oder Patenen/ um solch Diebstal
all:/ sie seyn geschehen an geweichten oder
ungeweichten Orten ; auch so einer um
stehlens willen in eine geweichte Kirchen/
Sacrament-Hauß oder Sacristey bricht/
oder mit gefährlichen Zeugen auffspert/
diese Dieb seynd zum Tod nach Gelegenheit der Sach und Rath der Rechtver-
ständigen/ zu straffen.

173.

Item/ so einer ein Stock/ darinn man
das heilige Almosen sammlet / auf-
bricht/ sperret/ oder wie er gerüng darauß
stihle/ oder solches mit ettlichen Wercken zu
thun understehet/ der ist auch an Leib oder
Leben zu straffen/ nach Rath der Rechtverständigen.

174.

Item/ so jemand bey Tag von geringen
geweichten Dingen / aufferhalb der
vorgemeldten, tapffern Stück / auß einer
Kirchen stehle/ als Wachs/ leuchter/ Al-
tar-Tücher / darzu doch der Dieb nicht
stieg/ brech oder mit gefährlichen Zeugen
auffsperret ; oder so jemand weltliche Gü-
ter/ die in eine Kirche gestehnet wären/ steh-
le/ doch so der Dieb in die Kirche oder
Sacristey nicht bricht oder die gestehlte
auffsperret ; um diese Diebstal alle/ deren
in diesem Articul gemeldet/ ist die Straff
gegen dem Dieb mit allen Umständen und
Unterscheiden/für unehren und zu halten/
wie hievor von weltlichen Diebstählen klärlich gesetzt ist/ doch soll in solchen Kirchen-
Rauben und Diebstählen weniger Barm-
herzig-

igkeit beweißt werden/ dann in weltlichen
Diebstälen.

175.

Item/ es sollen auch die Diebstäl/ so an
geweihten Dingen und Stetten be-
angen/ die Hungers-Noth/ auch Jugend
und Thorheit der Personen / wo der eins
zit Grund angezeiget würde/ auch ange-
hen/ und wie von weltlichen Diebstälen
halben gesetzt ist/ darinn gehandelt wer-
en.

176. Von Straff oder Versorgung der Personen/ von den
jhan auß erzeigten Ursachen/Ubels
und Missethat wartten muß.

Item/ so einer ein Urphed frevenlich
oder fürsätzlich verbrochen / Sachen
alben/darum er das Leben nicht verwirckt
ar. Item/ ob einer über vorgeübte nach-
elassene und gerichte Missethat mit Wor-
en oder Schrifften andern dergleichen ü-
els zu thun / doch sonst ohn weitter beschwerliche Umstände trohet. Und aber
armit nicht so viel gethan hätte/ daß ihm
arum das Leben (wie hernach im hundert
nd acht und siebentzigsten Artickel anfa-
end: Item/ so sich jemand einer Misse-
hat rc. von understanden Missethaten ge-
h: lben steht) genommen werden möcht/
nd auß jetztgemelten oder andern gnugsa-
en Ursachen/ einer Person nicht zu ver-
auen oder zu glauben wäre/ daß sie die
euth gewaltsamer thätlicher Beschädi-
ung und Ubels vertrüge/ und bey Recht
nd Billicheit bleiben ließ/ und sich solches
z rechter Gnüge erfinde/ und dann diesel-
se Person deßhalben keine Nothdurfft/

Caution/Gewißheit oder Sicherheit machen kunte/ solchen künfftigen unrechtlichen
Schaden und Ubel zu fürkommen/soll die-
selbig unglaubhafftige boßhafftige Person
in Gefängnus / als lang biß die nach Erkantnus desselben Gerichts gnugsame Caution / Sicherung und Bestand für solche
unrechtliche thätliche Handlung thut/durch
die Schöpffen rechtlich erkant werden/ jedoch soll solche Straff nicht leichtferteiglich
oder ohnmercklich Verdächtlichkeit künfft-
iges Ubels (als obsteht) sondern mit Rath
der Rechtverständigen beschehen. Und
soll solcher gefangen in dem Gericht / darin
er also beklagt und überwunden würde/ent-
halten werden. Und wo er sich von seinen
selbst Gütern in solcher Gefängnus zu enthalten nicht vermöcht/so soll alsdann durch
den Ankläger zu seiner Enthaltnus dem
Büttel sein gebührlich Wartgelt/nach Ermessung deß Richters gegeben werden/und
er der Ankläger derhalben zimlichen Bestand thun; Wo nun der Ankläger solchen
Unkosten auch nicht vermöcht / soll die O-
brigkeit denselben Kosten tragen. So aber
der gemelte Gefangene in demselben oder
andern Gerichten an seinen Gütern / als
viel hätte / davon obgemelte sein Enthal-
tung und Verwahrung gar oder zum Theil
beschehen könte/ die sollen zu derselben Un-
terhaltung ehn der Obrigkeit Verhinderung gebrauchet werden.

177. Von Straff der Förderung/ Hilff und Beystand
der Missethäter,

Item/so jemand einen Missethäter zu
Ubung einer Missethat / wissentlicher
Weiß einigerley Hülff/ Beystand oder För-
derung/ wie das alles Namen hat/thut/ ist
peinlich

peinlich zu straffen/ als aber vorsteht/in einem Fall anderst dann in dem andern/darumb sollt in dießn Fällen/oft Urtheiler mit Berichtung der Verhandlung / auch wie solches an Leib oder Leben soll gestrafft werden/als obsteht/Raths pflegen.

178. Straff understandner Missethat.

Item / so sich jemand einer Missethat mit etlichen scheinlichen Wercken/ die zu Vollbringung der Missethat dienstlich seyn mögen/understeht / und doch an Vollbringung derselben Missethat durch andere Mittel / wider seinen Willen verhindert würde/solcher böser Will / darauß etliche Werck/ als obsteht/ folgen/ ist peinlich zu straffen/ aber in einem Fall härter dann in dem andern/angesehen Gelegenheit und Gestalt der Sach/darum sollen solcher Straff halben die Urtheiler / wie hernach stehet/ Raths pflegen/ wie die an Leib oder Leben zu thun gebührt.

179. Von Ubelthätern / die Jugend oder anderer Sachen halben ihre Sinne nicht haben.

Item / wird von jemand/der Jugend oder anderer Gebrechlichkeit halben / wissentlich seiner Sinn nicht hätte / ein Ubelthat begangen/ das soll mit allen Umständen/ an die Orten und Enden/ wie zu Ende dieser unserer Ordnung angezeigt/gelangen / und nach Rath derselben und anderer Verständigen darin gehandelt oder gestrafft werden.

180. So ein Hüter der peinlichen Gefängnus einem Gefangenen außhilfft.

Item/ so ein Hüter der Peinlichen Gefängnus einem/ der Peinliche Straff verwürcket/ außhilfft/ der hat dieselbe peinliche Straff zu stan deß Ubelthäters/ den er also außgelassen/ verwürckt. Käme aber der Gefangene durch bemeldten Hüters Außleß auß der Gefängnus / solcher Außleß ist nach Gestalt der Sachen und Rath so an den Orten/ als hernach gemeldet würdet/ zu straffen.

181. Von einem gemeinen Bericht/ wie die Gerichtschreiber die Peinl. Gerichts-Händel gänglich und ordentlich beschreiben sollen/ folget in dem nächsten und etlichen Articuln hernach.

Item / ein jeder Gerichtschreiber soll in Peinlichen Sachen bey seiner Pflicht alle Handlung/ so Peinlicher Klag und Antwort halber geschicht/ gar eigentlich/ unterschiedlich und ordentlich aufschreiben/und nemlich soll die Klag deß Anklägers vor dem Verbürgen/ das über den Beklagten beschicht / oder aber/ wo der Ankläger nicht Bürgen hätt/ und derohalben gefänglich bey dem Beklagten verhafft wär/ in allweg zuvor aufgeschrieben werden/ ehe dann Peinliche Frag oder Peinliche Handlung gegen dem Beklagten geübet würdet; und solle solches alles zum wenigsten vor dem Richter oder seinem Verweser und zweyen deß Gerichts beschehen / und bemeldte Beschreibung durch den Gerichtsschreiber desselben Gerichts ordentlich und underschiedlich gethan werden; darnach soll beschrieben werden/ ob und wie der Ankläger seiner Klag halber/ lauit dieser Unserer Ordnung zum

Rechten

lechten verbürget/ oder wo er nicht Bürgen gehabt mag/ ob und wie er sich um Zollführung willen deß Rechten gefänglich hat legen lassen.

182.

JE weiter was der Beklagte zu solcher Klag zur Antwort gibt/ so er erstlich ohne Marter derhalb bespracht würde/ das soll auch nach derselben Klag beschrieben werden / und soll allwegen durch den Schreiber Jahr/ Tag und Stund/ darinn ein jede/ vor oder nach berührte Handlung beschicht/ auch wer jedesmal darbey gewest sey/ gemeldt werden; und er der Schreiber soll sich/ daß er solches gehört und beschrieben hab/ mit seinem Tauff-und Zunamen selbs auch unterschreiben.

183.

JD aber der Beklagte der Klag in seiner Antwort laugnet/ und dem Anklager der beklagten Missethat halber redliche Anzeigung (wie vorhero von solcher redlicher Anzeigung gesetzt ist) fürzubringen gebührt/ was dann der Ankläger derselbigen Anzeigung oder Argwohnung halber / vor dem Gericht oder verordneten Schöffen fürbringt/ auch was solcher fürgebrachten Anzeigung halber/ nach laut dieser Ordnung/ beweisen wird/ soll alles ordentlich/ wie vorhero gemeldet ist/ zu schrieben werden.

184.

JO dann nach laut dieser Unserer und deß Heil. Reichs Ordnung/ redliche Anzeigung und Verdacht der Missethat beysein / erkandt / und darzu kommt/ daß man alsdann/ laut dieser Unserer Ordn. den Gefangenen erstlich ohne Marter/ und alle Bedrohung derselben besprechen/ auch zu Führung seiner Unschuld ermahnen

soll/ was dann daselbst gefragt/ ermahne und endlich geantwortet/ auch was darauf alles nach laut dieser Unserer und deß Reichs Ordnung erfahren und erkundigt wird/ soll alles/ wie obstehet/ auch beschrieben werden.

185.

UNd so es zu der Peinlichen Frag kommt/ was dann der Beklagte dardurch bekennet/ auch was er bekandter That halber Underschied sage/ die zu Erfahrung der Warheit (wie in dieser Unserer Ordnung davon gesetzt) dienstlich und fürträglich seyn/ und was fürther/ auch nach laut dieser Unserer Ordnung/ von Erfahrung der Warheit darauf gehandelt und erfunden würde/ das alles und jedes insonderheit soll der Gerichtschreiber ordentlich und underschiedlich nacheinander beschreiben.

186.

WUrde aber der Beklagte auf seinem Verneinen der Klag bestehen/ und der Ankläger die Hauptsach der Missethat nach laut dieser Ordnung/ weisen wolt/ so viel sich dann derhalben in demselben Gerichte zu handlen gebührt/ das soll der Gerichtschreiber auch/ wie obstehet/ fleißig beschreiben. So aber deßhalben vorgemelte Obrigkeit Commissarien geben/ die sollen das/ so vor ihnen gehandelt wird/ auch alles/ und wie sich gebühret/ beschreiben lassen.

187.

WO aber der Beklagt der That bekennet/ und doch solche Ursachen/ die ihn von der That entschuldigen möchten / anzeigt/ dasselbig/auch alle Urkunt/ Kundschafft/ Weisung/ Erfahrung und Erkundung / derohalben soll auch / so viel sich in demselben peinlichen Gericht zu handeln

D　　　　　gebührt/

gebührt/und sonst alles/wie obsteht/beschrieben werden.

188.

Ob aber die Klag von Ampts wegen herkäme / und nicht von sonderlichen Anklägern geschehe / wie dann die Klag an die Richter kommen / auch was der Beklagte darzu antwort/und was fürther in allen Stücken/nach laut dieser unser Ordnung / deßhalben gehandelt wird/ soll/wie oben in anderm Fall/deß Anklägers halben gemelt ist/beschrieben werden.

189.

Und soll die Beschreibung aller oberührten Handlung/sie geschehe von Ampts wegen oder auf Ankläger / durch einen jeden Gerichtschreiber der peinlichen Gericht/ vorgemelter massen / gar fleissig und underschiedlich nacheinander und eibels weiß geschrieben werden/und allweg bey jeder Handlung/ wann die geschehen ist/ Jahr/ Tag und Stund/ auch wer daben gewesen sey / melden/ darzu soll sich der Schreiber selbst/ auch wie obsteht / dermassen underschreiben/ daß er solches alles gehört und geschrieben hab/damit auf solch förmliche gründliche Beschreibung stattlich und sicherlich geurtheilt / oder wo es noch thun würde/ darauß nach aller Nothdurfft gerathschlagt werden möge / in solchem allem soll ein jeder Gerichtschreiber bey seiner Pflicht als vorsteht/allen möglichen Fleiß thun/ auch was gehandelt ist/in geheim halten / und das alles nach laut seiner Pflicht / verbunden seyn. Und soll solch Gerichts-Buch oder Libel / allweg nach Endung deß Gerichts-Tags beschlossen und verwahrt gehalten werden.

190. Ein Ordnung und Be-

richt/wie der Gerichtschreiber die endlichen Urtheilen der Todstraff halben/ formen soll.

Item/ so nach laut dieser unser und deß heiligen Reichs Ordnung ein Ubelthat warhafftiglich erfunden oder überwunden / und deßhalben so weit kommen ist / daß die endlich Urtheil derhalben zum Tod/wie die vorgemelter massen/nach laut dieser unserer Ordnung geschehen soll/ beschlossen ist. So soll alsdann der Gerichtschreiber die Urtheil beschreiben / und ungeschrtlich nachfolgender Meynung im Außschreiben formiren/ damit er die also auf dem endlichen Rechttag / wie in dem vier und neunzigsten Artickel ansehen. Item auf obgemelt rc. von Oeffnung solcher endlicher Urtheilen geschrieben stehet/ auß Befelch deß Richters öffentlich verlesen.

191.

Item/wo in dem nechst nachgesetzten Artickel ein B. steht / da soll der Gerichtschreiber in Formirung und Beschreibung der Urtheil/den Namen deß Ubelthäters benennen / aber bey dem S. soll er die Ubelthat aigentlich melden.

192. Einführung einer jeden Urtheil zum Tod oder ewiger Gefängnus.

Auf Klag/ Antwort/ und alles gerichtlich Fürbringen / auch nothdürfftige warhafftige Erfahrung und Erfindung/ so deßhalben alles nach laut Käyser Carls deß Fünfften und deß heiligen Reichs Ordnung geschehen/ ist durch die Urtheiler und Schöf-

Schöffen diß Gerichts endlich zu Recht
erkant / daß B. so gegenwärtig vor diesem

Gericht steht der Ubelthat halben/so er wie
C. geübt hat ꝛc.

Merckt die nachfolgenden Beschluß einer
jeden Urthel.

Zum Feuer.

§. Mit dem Feuer vom Leben zum
Tod gestrafft werden soll.

Zum Schwerdt.

§. Mit den Schwerdt vom Leben
zum Tod gestrafft werden soll.

Zu der Viertheilung.

§. Durch seinen gantzen Leib zu vier
Stücken zerschnitten und zerhauen / und
also zum Tod gestrafft werden soll ; und
sollen solche vier Theil auf gemeine vier
Wegstrassen offentlich gehangen und ge-
steckt werden.

Zum Rade.

§. Mit dem Rade durch Zerstossung
seiner Glieder vom Leben zum Tod gericht/
und fürther offentlich darauf gelegt werden
sollen.

Zum Galgen.

§. An den Galgen mit dem Strang o-
der Reiten vom Leben zum Tod gerichtet
werden soll.

Zum Erträncken.

§. Mit dem Wasser vom Leben zum
Tod gestrafft werden soll.

Vom lebendigen Vergra-
ben.

§. Lebendig vergraben und gepfält werden soll.

193. Vom Schleiffen.

Item/ wodurch die vorgemelten endlichen Urthel einer zum Tod erkennt
beschlossen würde/daß der Ubelthäter an die
Richtstatt geschleifft werden soll / so sollen
die nachfolgenden Wörtlein an der andern
Urthell/ wie obsteht/ auch hangen/ also lautend : Und soll darzu auf die Richtstatt
durch die unvernünfftigen Thier geschleifft
werden.

194. Von Reissen mit glüen-
den Zangen.

Item/ würde aber beschlossen / daß die
verurtheilte Person vor der Tödtung
mit glüenden Zangen gerissen werden soll/
so sollen die nachfolgenden Wörter weiter
in der Urtheil stehen/also lautend : Und soll
darzu vor der endlichen Tödtung offentlich
auf einen Wagen biß zu der Richtstatt
umgeführt/und der Leib mit glüenden Zangen gerissen werden/ nemlich mit N. Gris-
sen.

195. Formirung der Urtheil
eines sorglichen Manns in Gefängnus zu verwahren.

Auß warhafftige Erfahrung und Befin-
dung gnugsamer Anzeigung zu bösem
Glauben/ künfftiger übelthätiger Beschä-

H. 2   digung

digung halber / ist zu recht erkannt / daß B.
so gegenwärtig vor Gerichte stehet / in Gefängnus enthalten werden soll/biß er gnugsam und gebührliche Caution und Bestand
thut / damit Land und Leut vor ihm versi-
chert werden.

196. Von Leibstraf/die nicht zum Tod oder gefänglicher Verwahrung/ wie obstehet / verurtheilt werden soll.

Item/ so eine Person durch unzweiffel-
liche endliche Uberwindung (wie auch
nach laut dieser unserer Ordnung geschehen) an ihrem Leib oder Glidern peinlich gestrafft werden soll/daß sie dannoch bey dem
Leben bleiben möge/ solch Urtheil der Richter doch nicht anderst / dann mit wissentli-
chem Rath oder Befelch seiner Obrigkeit
und der Rechtverständigen/zum wenigsten
mit vier auß den Urtheilern oder Schöffen/
die er für die tüglichsten darzu erfordert/die
ihm auch derhalben gehorsam seyn sollen/
beschliessen / und von seines Richterlichen
Ampts wegen an dem Gerichte eröffnen/
und durch den Gerichtschreiber öffentlich

verlesen lassen. Es soll auch der Richter/
in obgemelten Fällen/ daran seyn/ daß der
Nachrichter sein Urtheil vollziehen / dieselben
Urtheil sollen/ wie hernach folget/ im Auf-
schreiben durch den Schreiber formirt werden.

§. In Formirung der nechst nachge-
melten Urtheil / soll der Gerichtschreiber/
wo im selben Artickel ein B. stehet / deß
Beklagten Namen benennen/ aber da das
E. gesetzt ist/ soll er die Sach deß Ubelthäter
auf das kürtzeste melden.

197. Einführung der Urthel/ vorgemelter Peinlicher Leibstraff halber/ die nicht zum Tod gesprochen werden.

Nach fleissiger warhaffter Erfindung/
so nach laut Kayser Carls deß Fünfften und deß Heiligen Reichs Ordnung
beschehen/ ist zu recht erkannt/ daß B. so
gegenwärtig vor dem Richter stehet / der
missethätigen unehrlichen Handlung halber mit E. geübet.

Merckt die nachfolgenden Beschluß einer jeden Urtheil.

Abschneidung der Zungen.

Offentlich an Branger oder Hals-Eisen
gestellt / die Zungen abgeschnitten/
und darzu biß auf kundliche Erlaubung
der Oberhand auß dem Lande verwisen
werden soll.

Abhauung der Finger.

§. Offentlich an Branger gestellt/ und

darnach die zween rechte Finger/ damit er
mißhandelt und gesündiger hat/ abgehau-
en/ auch fürther deß Lands/ biß auf kundliche Erlaubung der Obrigkeit/ verwisen
werden soll.

Ohren abschneiden.

§. Offentlich an Branger gestellt/ beyde Ohren abgeschnitten/ und deß Landes/

iß auf kundtliche Erlaubung der Obrig-
keit/ verwisen werden soll.

Mit Ruthen aufhauen.

§. Offentlich an Pranger gestellt/ und
irher mit Ruthen außgehauen/ auch deß
Landes/ biß auf kundtliche Erlaubung der
Oberhand/ verwisen werden soll.

§. Merckt/ so ein Ubelthäter zu samt einer auffgelegten rechtlichen Leibstraff/ jemands sein Guth wieder zu kehren/ oder a-
er etwas von seinen eignen Gütern zu geben verwürcket/ wie deßhalben hievor in etlichen Straffen/ nemlich von fälschlichem
abschwören/ am hundert und siebenden
Artickul/ anfahend: Item welcher vor
Richter oder Gericht/ auch der Unkeusch-
heit halben/ so ein Ehmann mit einer ledigen Dirn über/ am hundert und zwantzigsten Artickul/ anfahend: Item/ so ein
Ehmann einem andern rc. und dann die-
jenen Bestellung zweyfacher Ehe betref-
fend/ am hundert und ein und zwantzigsten
Artickul/ anfahend: Item/ so ein Ehmann ein ander Weib rc. gesetzt ist; dergleichen in etlichen Diebstälen/ wie oben
angezeiget rc. oder sonst in unbenanten
Fällen/ dergleichen zu thun/ rechtlich erfunden würde/ so soll solche Wiederkehrung
oder Dargebung deß Guths mit lautern
Worten an die Urtheil/ wie das geschehen
solt/ gefangen/ geschrieben und geöffnet
werde'.

199. Von Form der Urtheil
zu Erledigung einer beklag-
ten Person.

Item/ wo aber nach Laut dieser und
deß Reichs Ordnung ein Person/ so

um peinlichen Straff willen/ angenommen
und beklagt wäre/ mit Urtheil und Recht
ledig zu erkennen beschlossen würde/ dieselb-
big Urtheil soll ungefährlich nachfolgender
massen beschrieben/ und nach Befelch deß
Richters/ auff dem endtlichen Rechttag/ als
vor in dem neun und neuntzigsten Artickel
also ansahend: Item/ würde aber der Beklagt rc. gemelt wird/ offentlich gelesen werden.

200.

Item/ in neest nachgesetztem Artickel zu
Einführung einer Urtheil/ soll der Gerichtschreiber in Beschreibung solcher Ur-
theil/ an deß A. statt den Namen deß Klägers für das B. den Namen deß Beklag-
ten/ und da das C. steht/ deß Beklagten
Ubelthat melden.

201.

Auff die Klag/ so C. halben von wegen A.
wider B. so zu gegen vor diesem Gericht stehet/ geschehen ist/ auch deß Beklagten Antwort und alles nothdürfftig einbringen gründige fleissige Erfahrung und
Erfindung so alles nach Laut Keyser Carls
deß Fünfften und deß Reichs Ordnung
deßhalben geschehen/ ist derselbig gemeldte
Beklagte mit endtlicher Urtheil und Recht
von aller Peinlicher Straff ledig erkandt/
es wäre dann Sach/ daß der Ankläger seiner Klag rechtmässige Ursach gehabt/ dardurch der Richter beweget werden möchte/
die Kosten und Schäden auß redlichen/
gegründten/ rechtlichen Ursachen zu com-
pensiren und zu vergleichen. Und was
fürther die Partheyen Schaden oder Abtrags halber gegen einander zu klagen ver-
meynen/ das sollen sie nach Außweisung
obgemeldter Ordnung/ mit endlichem
Bürgerlichem Rechten vor demselbigen

N 3 Gericht/

Gericht/ oder so von Ampts wegen ge-
klagt wird/ vor derselben/ so von Ampts
wegen klagen/ 1 ehsten ordenlichen O-
brigkeit außtragen.

202.

ITem/ ein jeder Gerichts-Handel und
Urtheil/ wie vorhero vor Beschreibung der aller gemeldet wird/ soll fürther
nach Endung deß Rechten gänzlich in dem
Gericht behalten/ und von Gerichts wegen in einer sondern Behaltnus verwahret werden/ da mit/ (wo es künfftriglich
noth thun würde) solcher Gerichts-Handel daselbst zu fir den wär.

203.

ITem/ welcher Gerichtschreiber auß
dieser vorigen Anzeigung nicht gnugsamen Verstand vernehmen möchte/ wie er
darauß einen jeden ganzen Gerichtshandel
oder Urtheil formen soll/ der soll erstlich vorgemelte seine Obrigkeit um Erklärung an-
suchen/ und wo aber vorgemelte Obrigkeit deß auch nicht gnugsamen Verstand
hätte/ so sollen sie bey andern Verständigen
Rath suchen.

204. Von dem Gerichts-Ko-
sten an den Peinlichen Ge-
richten.

ITem/ eine jede Obrigkeit der Peinlichen Gerichte/ soll solcher Gerichts-
Kosten und Azung halber/ ziemliche und
gleichmässige Ordnung machen/ daß dardurch niemand überflüssig beschwehret/ und
die verschulden Ubelthäter besto leichter zu
gebührlicher Straff gebracht/ und auß
Forche unbilligen Unkostens/ Rechtund
Gerechtigkeit nicht verhindert werden;
und soll sonderlich ein Ankläger für eines
Beklagten Azung und Wart-Gelde dem

Büttel Tag und Nacht über sieben Kreu-
zer zu geben nicht schuldig seyn. Wo a-
ber Herkommens wär/ in so ehen Fällen
minder zu nehmen/ dabey soll es bleiben/
und was aber sonst Gerichts- und andere
Kosten/ auf Bel zu g deß Gerichts/ der
Schöffen oder U theiler Kost-Geld/ auch
Gerichtsschreibe r/ Büttein Thürhüter/
Nachrichter und seinem Knecht auf anstehen
würde/ soll durch das Gericht/ oder desselbigen Gerichts Obrigkeit/ ohne deß Klägers Nachtheil/ bezahlt werden.

205. Wie die Richter von
Straffung der Ubelthäter/ keine
sonderliche Belohnung neh-
men sollen:

ITem/ Wir seynd b richter/ wie an
etlichen Enden mißbrauche werde/
daß die Richter von et es jeden Ubelthäters wegen/ so peinlich gestrafft würde/
sondere Belohnung von dem Ankläger begehren und nehmen/ das ganz wider das
Ampt und wider eines Richters/ auch das
Recht und alle Billichkeit ist/ wann ein
solcher Richter/ wo er von jedem Stuck
seine Belohnung hätte/ möchte dem Nachrichter derhalben wohl zu vergleichen seyn:
darum wollen Wir/ daß hinführo alle solche Richter keine Belohnung von den
Klägern nehmen sollen.

206. Wie es mit der flüchti-
gen Ubelthäter Güter gehal-
ten werden soll.

ITem/ so ein Ubelthäter außweicht/ so
soll der Richter zween oder drey/ desselben flüchtigen Freund erfordern/ und in
Gegenwärtigkeit derselben und zweyer
Schöffen deß Gerichtes/ der Sachen un-
verdacht/

rache / alle sein Haab und Güter/so in
nem Gericht gelegen/durch den geschwor-
r Gerichtschreiber eigentlich beschreiben
d aufzeichnen/und dem Ubelthäter nichts
von folgen lassen. Aber welche Güter
rderblich wären / und nicht ligen möch-
/die soll der Richter mit zweyen deß Ge-
hts / und obgemelten von der Freund-
aafft verlassen/und was also darauß ge-
st wird/auch beschreiben/und das Kauff-
lt samt der Verzeichnus hinder das Ge-
hr legen/allda es Weib und Kindern/
er andern seinen nechsten Erben zum be-
n unverruckt soll erhalten werden. Wo
n aber deß Flüchtigen Freund solch be-
prieben Gut zuvor/und ehe es hinder das
ericht gelegt / oder aber auch darnach zu
ren Handen nehmen und ein nothdürffti-
n Bestand und Pflicht thun / berührts
ut also in Hafftung zu behalten / und
m Flüchtigen / dieweil er unvertragen/
er die Sach unaußgeführt ist/nichts da-
n folgen zu lassen / das soll ihnen gestatt
erden / doch sollen die gedachten Anneh-
er der berührten Güter/deß Thäters Ehe-
eib und Kindern (ob er die hätte) noth-
ärfftige Leibs-Nahrung von solchen Gü-
rn reichen / und das alles mit Rath und
Wissen deß Richters und vorgemelter O-
igkeit thun / und sollen auch die Richter
nd Obrigkeit zu ihrem Nutz / den Flüch-
gen von ihren Gütern gar nichts nehmen.

07. Von gestohlner oder
geraubter Haab / so in die
Gericht kommt.

Item / so gestohlen oder geraubt Gut in
sein Gericht brächt / und der Ubelthäter
licht dabey betretten und verheisset wird/ soll
r Peinlich Richter zu seinen Handen

nehmen/ und getreulich verwahren/ und so
jemand derselben Haab begehre/und so viel
anzeigt / daß ihm die unzweiffelich geraubt
oder gestohlen sey/so soll ihm die wieder verschafft werden/ ungeachtet/ob es gleich an
etlichen Orten anders gehalten / daß nicht
ein Gewonheit/sondern ein Mißbrauch ist.
So sich aber derhalben Irrung hielt / soll
der Richter solchem Kläger gebührlichs
schleunigs Rechtens verhelffen. Und so
an einem solchen Ort ein Obrigkeit Peinlich und Bürgerlich Gerichtbarkeit hätte/
und die Schöffen deß Peinlichen Gerichts
weitläufftig zusammen zu bringen wären/
soll derselbig Peinlich Richter um weniger
Unkostens willen/ dieselbe Sach an seiner
Obrigkeit Bürgerlich Gericht / daselbst
weisen/und soll zuförderst/der also rechtlich
darzuklagen will / vor solchem Gericht ein
Bestand mit Bürgen/oder zum wenigsten
mit seinem Eyde thun / wo er solcher Sachen halben verlustig würde / dem andern
Theil seinen gefügten Schaden nach Messigung deß Gerichts abzulegen/deßgleichen
soll der Antworter/so solche Haab in Rechten vertretten will/auch thun.

Item / so dann der Kläger beweist/ daß
solche selbig Haab sein / und ihm raublich
oder dieblich genommen sey / soll ihm die
durch Recht zuerkant und wieder werden.
Und so sich ein Antworter die beklagten
Haab im Rechten zu vertretten unterstün-
de / und sich deßhalben Kosten und Schäden betreffend/wie obsteht/verpflichtet/und
dann nach Verlust derselben Haabe / mit
seinem Eyde nicht betheuren möcht/daß er
unwissend deß unrechten Herkommens/die
gemelten verlustigen Haab an sich bracht
hat / oder aber solchs Wissens überwiesen
würde/

würde / so soll demselben Antworter (ob
nothdürfftig Atzung auff die arrestirten oder
bekümmerten Haab gangen wär) zu seine
ziemlichen Gerichts-Schaden/ all s nach
Messigung deß Gerichts zu bezahlen/ im
Rechten aufgelegt werden. Hätte aber
der Antworter in dem an sich bringen der
verinstigen Haab/ deß Unrechten Herkommen nicht gewußt / so soll jeder Theil sein
Gerichts-Schaden selbst bezahlen/ und der
Kläger dem die beklagte Haab also folget/
ob es Vieh wäre / und ziemliche Atzung gemacht hätte / wie das Gericht erkennt und
mäßigt/ außrichten. Wäre aber obgemelter massen kein verpflichter Antworter vorhanden / so gebührt dermassen dem Kläger
der die Haab endlich nimmt / obermahls
ziemlich Atzung (wo die als vorstehet/darauf
gangen wäre) zu bezahlen.

208.

Bewise aber ein Kläger in obgemeltem
Fall der anspruchigen Haab halben/
die Eigenschafft gnugsam / und könne doch
dabey nicht beweisen / daß ihm die durch
Raub oder Diebstal entwent worden wär/
und die Antworter möchten dargegen zu
rechter Gnüge nicht darbringen/daß dieselb-
ig kriegisch Haabe/mit gutem rechtmäßi-
gem Titel/von dem Kläger bracht/ und an
sie kommen wär/so soll dem Kläger auf sein
Betheurung mit dem Eyde (daß ihm solche Güter geraubt oder gestohlen worden
seyen) geglaubt werden / und ihm dieselben
abermahls / in massen als obstehet/ darauf
folgen.

204.

Und kan an solcher gestohlner oder geraubter Haabe/ durch einige Läge der
Zeit kein Geweer ersessen werden / könte

aber der Ankläger seine gebührende Weisung (wie obstehet) nicht vollführen / sollen
alsdann die Antworter ledig erkant wer-
den/und ihn die beklagten Güter wieder fol-
ge/ mit ziemlicher Ablegung zugefüg er Kosten und Schaden / darein der unbeständig
Kläger nach Ermässigung der Urtheiler/
erkant werden soll.

205.

So auch die angeklagten Haab in obgemelten Fällen Atzung halb oder
sonst oben mercklichen Schaden/biß zu Endung vor bestimmter Rechtfertigung / in
Gericht nicht stehen bleiben köne / welcher
Theil dann nach Ermessung deß Gerichtes/
sampt lich / oder deß Richters und zweyer
deß Gerichts nothdürftig gnugsam Cau-
tion/ Bestand oder Sicherheit thut/ dieselben habe zu den Gerichts-Tagen/so derhalben Kundschafft geführet werden soll / wieder in das Gericht zu stellen/ und wes er in
demselbigen Gericht derhalb verlustig wür-
de/Es wär um die Hauptsach/oder Scha-
den/ ungewaigirt Folge zu thun / und wo
dieselbige Haab vor Endung und Vollziehung deß Rechten abgieng / oder geärgert
würde/so chen Abgang oder Ergernus nach
Erkantnus deß Gerichts zu erstatten / dem
soll die außbrüchtig Haab um weniger Unkostens und Schadens willen/darauf also
außbedacht werden/und auf solche Wider-
stellung folgen. Wo aber obgemelten
Bestand beyde Theil thun wolten/so sollen
die Antworter zuförderst damit zugelassen/
und wo in dieser Handlung gezweiffelt
würde/soll Raths bey dem Rechtverständigen und an Enden und Orten/wie zu Ende dieser unserer Ordnung angezeigt / gebraucht werden.

207. Wer-

211.

Würde aber obgemeldter angezogner gestohlner oder geraubter Güter halber/ jemand mit bösem Glauben und Verdacht erben betretten/ und der Ankläger gegen ein oder denselben peinlichen Rechtens begehrt/ oder aber der Richter deßhalben von Ampts wegen gegen solchen verdächtigen Leuten/ peinlichen Rechtens gebrauchen wolt/ in solchen peinlichen Sachen soll es gegen den berührten verdachten Personen/ gehalten und gehandelt werden/ wie vorher in dieser Unserer Ordnung/ von dergleichen peinlichen Fürnehmen und Handlung klärlich gesetzt ist.

212.

Wie und wann dann auch jemand/ geraubter oder gestohlner Güter halber/ zu Peinlicher Frag genugsame Anzeigung auf ihm hat/ das wird im sechs und dreißigsten Articul/ anfahend: Item/ so erfunden würde etc. und im nechsten Articul darnach angezeiget.

213.

Und so sich also mit angezeigter peinlicher Handlung/ gestohlne und geraubte fahrende Güter in einem Gerichtszwang erfunden/ die sollen dem/ der sie also verlohren hätte/ und wie vorsteht/ bewehret/ daß ihm solche gestohlne oder geraubte Haab zuständig/ abermals ohne Beschwerung/ (dann allein ob solches essend Vieh/ und zimliche nothdürfftige Azung darauf gangen wäre/ dieselbe Azung/ doch ohne Uberfluß/ zu bezahlen) wieder verschafft werden. Wo aber jemand die gemeldte Haab/ um weniger Unkostens und Schadens willen/ vor kündtlicher Erfindung gemeldter unrechten Herkommens/ und wem die zuständig/ aufzubürgen/ und zu betagen

begehrt/ das soll in diesem Fall mit der Maß/ wie vorher deßhalben von Burgerlicher Verhafftung und Klag gestohlner oder geraubter Güter halber/ gesetzt ist. auch beschehen.

214.

Item/ ob ein Beschädigter seine Haab/ die ihm unzweiffelig zuständte/ und durch den Diebstahl oder Raub entwendet worden wäre/ mit gutem und unbenöthigter Ding von dem Thäter wieder zuwegen brachte/ darum soll derselbige/ der also das Seinige/ doch mit der Maß/ als obsteht/ wieder erlangt/ niemand nichts schuldig seyn/ auch in diesem oder andern dergleichen Fällen/ zu klagen/ wider seinen Willen nicht genöthiget werden; und wo der Beschädigte nicht peinlich klagen wolte/ so soll dannoch die Obrigkeit dem Thäter nichts destoweniger von Ampts wegen/ rechtfertigen/ und nach Gelegenheit der Person und Uberfahrung straffen lassen.

215. Mit was Maß die Werckleuth in den peinlichen Gerichten nothdürfftige Galgen zu machen und zu bessern schuldig seynd.

Item/ nachdem an vielen Orten in den peinlichen Gerichten Gewonheit ist/ so man einen neuen Galgen machen/ oder einen alten bessern will/ daß alle Zimmerleuth/ die in demselben peinlichen Gericht wohnen/ darzu helffen müssen/ das dann einen grossen unzimlichen Unkosten macht/ solcher Unkost je zu Zeiten auf die jenige/ so einen Ubelthäter peinlich beklagen/ mit noch mehr Unbilligkeit geschlagen würde/ demselben fürzukommen/ Wollen wir/ so fürcher durch vorgemelte nechster peinliche Obrigkeit ein newer Galg zu zimmern fürgenommen und verschafft würde/ daß alsdann gedachte Obrigkeiten oder ihre Befehlhaber/ alle die/so sich Zimmerhandwercks um Lohn gebrauchen/und in solcher peinlichen Gerichts-Obrigkeit seßhafft seynd/ in die Stadt/ Marckt oder Dorff/ darinnen das peinlich Gericht gewohnlich gehalten würde / durch desselben peinlichen Gerichts-Büttel oder Ampleuthe auf einen namhafften Tag erfordern / und ihnen das zum wenigsten vierzehen Tag zuvor verkünden lassen / und welche mit dieser Erforderung also anheimisch betretten / oder inwendig drey Meil Wegs von ihrer häußlichen Wohnung arbeiten / sollen auf bestimmte Zeit und Malstatt erscheinen/ und keiner ohn Leibs-Noth/die er auf Widersprechen bey seinem Eyde betheuert/ bey Straff zehen Gülden/außbleiben. Auß obgedachten Zimmerleuthen/ soll der peinliche Richter oder End eine Zahl/ so viel ihm zu gemelter Arbeit noth bedunckt / bestimmen/und alsdann dieselbe deß Richters bestimmte Zahl von gedachten Zimmerleuthen/ durch ein Loß/ daß er der peinliche Richter darzu verordnet/ erwehlen/ die bey Vermeidung obgedachter Pön um ein gewöhnlichen Taglohn/das ihne derselbig Gerichts-Herr/ ohn der Kläger Schaden bezahlen/ Folg zu thun schuldig und pflichtig seyn / auch derhalben von niemand geschmächt/ veracht oder verkleinert werden sollen. So aber einer von jemanden derhalben verklagt/ verschmächt oder verkleinert würde/ der soll ein Marck Golde/ als offt das beschicht/halb der Obrigkeit/in deß peinlichen Gerichts Zwang der Überfahrer sitzt/ und den andern halben Theil dem Geschmächten verfallen seyn/ darzu ihm auch

von gemelter Obrigkeit soll mit Recht verholffen werden / und soll solches vor und nach gemelter Rechtlicher Hülff demselben Geschmächten an seiner Ehren/ gutem Leumund und Handwerck/ in allweg unverletzt und ohne Schaden seyn.

216.

So aber ein solcher Überfahrer bestimmte Geld-Pön nicht vermöchte/ der soll im Kercker so lang gestrafft werden/ biß er dem Verletzten nothdürfftige Entschuldigung thäte/ daß er ihne an seinen Ehren/ damit nicht wolle geschmächt haben/ und sich verpflichte/ füreher dergleichen Schmach zu vermeiden/ solcher Überfahrer soll auch darwider niemand beschützet oder gehandhabet werden/ bey verletzung obgemelter Pön einer Marck Goldes.

217.

Item/ so man darnr einen Galgen oder der Einhaupt statt machen will/ soll es darzu nothdürfftiger Maurer helffen/ in solchem peinlichen Gericht Obrigkeit seßhafft/ allerm issen/ wie oben von den Zimmerleuten gesetzt ist/ auch gehalten und gehandelt werden.

218. Von Mißbräuchen und bösen unvernünfftigen Gewonheiten/ so an etlichen Orten und Enden gehalten werden.

Item/ nach dem an etlichen Orten gebrauch und gehalten würd/ so ein Übelthäter mit gestohlner oder geraubter Habe betretten und gefänglich einkommt/ daß alsdann solch gestohlen oder geraubt Guth dem jenigen/ so es also gestohlen oder abgeraubt uß worden/ nicht wiederum zugestellt/ sondern der Obrigkeit deß Orths eingezogens/ deßgleichen an vielen Enden der Mißbrauch/ so ein Schiffmann mit seinem Schiff verfähret/ schiffbrüchig würde/ daß er alsdann der Obrigkeit desselben Orts/ mit Schiff/ Leib und Gütern verfallen seyn soll. Item/ so ein Fuhrmann mit einem Wagen umwürffe/ und einen unversehenlich tödte/ daß alsdann derselbige Fuhrmann der Obrigkeit mit Wagen/ Pferden und Gütern auch verfallen seyn soll. So werden auch an vielen peinlichen Gerichten und derselben mancherley Mißbrauch erfunden/ als daß die Gefängnus nicht zu der Verwahrung/ sondern mehr Peinigung der Gefangenen und Eingelegten zugerichtet. Item/ daß durch die Obrigkeit etwan leichtlich auch erbare Personen/ ohne vorhergehende Berüchtigung/ bösem Leumut und andere genugsame Anzeigung/ angegriffen/ und ins Gefängnus gebracht werden/ und in solchem Angriff etwan durch die Obrigkeit geschwindlich und unbedächtlich gehandelt/ dardurch der Angegriffene an seinen Ehren Nachtheil erleidet. Item/ daß die Urtheil durch den Nachrichter und nicht den Richter oder Urtheiler außgesprochen und eröffnet werden. Item/ an etlichen Orten/ so ein Ubelthäter ausserhalb deß Lasters unser beleidigten Majestät/ oder sonst in andern Fällen/ so der Ubelthäter Leib und Guth nicht verwürckt/ vom Leben zum Tod gestrafft werden/ Weib und Kinder in Bettelstab/ und das Guth dem Herren zugewiesen. Und die und dergleichen Gewonheit/ wollen Wir/ daß eine jede Obrigkeit abschaffen/ und daran seyn soll/ daß sie hinfürter nicht geübet/ gebraucht oder

gehalten werden/ als Wir dann auß Keyserlicher Macht dieselbige hiemit aufheben/ vernichtigen und abthun/ und hinfürter nicht eingeführt werden sollen.

219. Erklärung/ bey wem/ und an welchen Orten Rath gesucht werden soll.

Und nachdem vielfältig hievor in dieser unser und deß heiligen Reichs-Ordnung der peinlichen Gericht von Rath suchen gemelt würde/ so sollen allwegen die Gericht/ so in ihren peinlichen Processen/ Gerichts-Ubungen und Urtheilen/ darin ihnen Zweifel zufiel/ bey ihren Oberhofen/ da sie auch alten verjährtem Gebrauch bißher Underricht begehrt/ ihren Rath zu suchen schuldig seyn. Welche aber nicht Oberhofe hätten/ und auf eins peinlichen Anklägers Begehren die Gerichts-Ubung fürgenommen wär/ sollen in obgemeltem Fall bey ihrer Obrigkeit/ die daselbig peinlich Gericht fürnemlich und ohn alle Mittel zu bannen und zu hegen Macht hat/ Rath suchen. Wo aber die Obrigkeit ex officio und von Ampts wegen wider einen Mißhändler/ mit peinlicher Anklag oder Handlung vollführe/ so sollen die Richter/ wo ihnen Zweiffel zufiele/ bey den nechsten hohen Schulen/ Städten/ Communen oder andern Rechtverständigen/ da sie die Underricht mit dem wenigsten Kosten zu erlangen vermeynen/ Rath zu suchen schuldig seyn. Und ist dabey nemlich zu mercken/ daß in allen zweifelichen Fällen/ nicht allein Richter und Schöffen/ sondern auch was einer jeden solchen Obrigkeit in peinlichen Straffen zu rathen und zu handeln gebührt/ derhalben Rechtverständiger und ausserhalb der Partheyen Kosten Rath gebrau-

gebrauchen sollen/ es begeb sich dann/ daß
ein Peinlicher Ankläger den Richter er-
suchte/ in solchen Peinlichen Processen/
Handlungen und Ubungen der Rechts-
verständigen/ Rath zu suchen/ das soll auf
deß begehrenden Theils Kosten geschehen.
Wo aber deß Beklagten Herrschafft/
Freund oder Beyständer/ ihme dem Gefangenen zu gutem dergleichen Ra hsu-
chung bey dem Richter begehrten/ so soll er
auf deß Gefangenen Freundschafft oder
Beyständer Kosten ihnen damit willfah-
ren. Wo aber desselbigen Gefangenen
Freundschafft jetzigem ledigen Kosten auß
Armuth nicht vermöchte/ so soll er auf deß
Obrigkeit Kosten solchen Rath zu er ernen

schuldig seyn/ doch so fern derselbige Richter nicht vermerckt/ daß die Rechtsuchung
gefährlicher Weiß zu Verzug/ der Sachen
auch zu ihr Kosten aufzuzeiben/
welches d e obgedachten Freund und
Beyständer auch mit dem End erzeigt
sollen/ und in dem allem seinen möglich-
sten Fleiß unter allen/ damit niemand Unrecht
geschehe/ als auch zu d esen grossen
aben grosser Fleiß gehöret/ darum dann
solchen Uberfahrungen Unwissenheit vor
nen billich kündig seyn soll/ nicht ent-
digen/ deß also Richter/ Schöffen/ und
derselben Obrigkeit hiemit gewarnet seyn sol-
len.

ENDE.